Shraddha N. Zanjat
Vishwajit K. Barbudhe
Bhavana S. Karmore

Tipografia Web

Shraddha N. Zanjat
Vishwajit K. Barbudhe
Bhavana S. Karmore

Tipografia Web

ScienciaScripts

Imprint

Any brand names and product names mentioned in this book are subject to trademark, brand or patent protection and are trademarks or registered trademarks of their respective holders. The use of brand names, product names, common names, trade names, product descriptions etc. even without a particular marking in this work is in no way to be construed to mean that such names may be regarded as unrestricted in respect of trademark and brand protection legislation and could thus be used by anyone.

Cover image: www.ingimage.com

This book is a translation from the original published under ISBN 978-620-7-47056-3.

Publisher:
Sciencia Scripts
is a trademark of
Dodo Books Indian Ocean Ltd. and OmniScriptum S.R.L publishing group

120 High Road, East Finchley, London, N2 9ED, United Kingdom
Str. Armeneasca 28/1, office 1, Chisinau MD-2012, Republic of Moldova, Europe
Printed at: see last page
ISBN: 978-620-7-97353-8

Conteúdo

CAPÍTULO 1 2
CAPÍTULO 2 10
CAPÍTULO 3 17
CAPÍTULO 4 28
CAPÍTULO 5 35
CAPÍTULO 6 42
CAPÍTULO 7 48
CAPÍTULO 8 57
CAPÍTULO 9 66

1.1 INTRODUÇÃO

A conceção da Web é um processo de concetualização, planeamento e construção de uma coleção de ficheiros electrónicos que determinam a disposição, as cores, os estilos de texto, a estrutura, os gráficos, as imagens e a utilização de funcionalidades interactivas que apresentam as páginas aos visitantes do sítio.

A conceção de sítios Web engloba muitas competências e disciplinas diferentes na produção e manutenção de sítios Web. As diferentes áreas da conceção da Web incluem a conceção gráfica da Web; a conceção da interface; a criação, incluindo código normalizado e software proprietário; a conceção da experiência do utilizador; e a otimização dos motores de busca.

Também engloba vários aspectos diferentes, incluindo a apresentação de páginas Web, a produção de conteúdos e o design gráfico. Embora os termos web design e desenvolvimento web sejam frequentemente utilizados como sinónimos, o web design é tecnicamente um subconjunto da categoria mais vasta de desenvolvimento web.

1.2 PRINCÍPIOS DA CONCEPÇÃO DE SÍTIOS WEB

Uma boa conceção de um sítio Web requer um vasto leque de profissionais com experiência em diferentes áreas. Os seus esforços colectivos têm de ser empregues quando há uma decisão crítica a tomar. Neste artigo, vamos apresentar os 8 princípios essenciais de uma boa conceção de um sítio Web que devem ser tidos em conta durante o desenvolvimento de um sítio Web. Estes princípios de design ajudarão definitivamente os web designers a desenvolver designs inspiradores e a melhorar a usabilidade de um sítio Web.

Aqui está uma lista de 8 bons princípios de design que tornarão o seu sítio web estético, fácil de utilizar, eficaz e cativante:

1.2.1. O simples é o melhor

Um sítio Web demasiado concebido pode não funcionar. Colocar demasiados elementos na página pode fazer com que os visitantes se distraiam do objetivo principal do seu sítio Web. A simplicidade funciona sempre numa conceção eficaz de uma página Web. Um design limpo e fresco do seu sítio Web não só torna o sítio atraente, como também ajuda o utilizador a navegar de uma página para outra sem problemas. Carregar um sítio Web com caraterísticas de design que não servem o objetivo pode ser frustrante. Mantenha o seu design tão simples quanto possível para que os visitantes o sintam fácil de utilizar e possam encontrar facilmente o caminho.

1.2.2. Consistência

A consistência no design do sítio Web é muito importante. Preste atenção à correspondência dos elementos de design em cada uma das páginas. Pode entender-se que os tipos de letra, os tamanhos, os títulos, os subtítulos e os estilos dos botões devem ser os mesmos em todo o sítio Web. Planeie tudo com antecedência. Defina os tipos de letra e as cores certas para os seus textos, botões, etc., e mantenha-se fiel a eles durante todo o desenvolvimento. As CSS (Cascading Style Sheets - folhas de estilo em cascata) são úteis para manter a informação completa sobre os estilos e elementos de design.

1.2.3. Tipografia e legibilidade

Por muito bom que seja o seu design, o texto continua a dominar o sítio Web, uma vez que fornece aos utilizadores a informação desejada. Deve manter a sua tipografia visualmente apelativa e legível para os visitantes, juntamente com a utilização cuidadosa de palavras-chave e meta-dados. Considere a utilização de tipos de letra que sejam mais fáceis de ler. As fontes modernas sem serifa, como Ariel, Helvetica, etc., podem ser utilizadas para os textos do corpo. Faça combinações adequadas de tipos de letra para cada um dos elementos de design, como cabeçalhos, textos do corpo, botões, etc.

1.2.4. Compatibilidade móvel

Tendo em conta a utilização cada vez maior de smartphones, tablets e phablets, a conceção do sítio Web deve ser eficaz para vários ecrãs. Se a conceção do seu sítio Web não for compatível com todos os tamanhos de ecrã, é provável que perca a batalha para os seus concorrentes. Existem vários estúdios de web design ou pontos de serviço a partir dos quais pode transformar o seu design de ambiente de trabalho num design responsivo e adaptável a todos os tamanhos de ecrã.

1.2.5. Paleta de cores e imagens

Uma combinação de cores perfeita atrai os utilizadores, ao passo que uma má combinação pode levar à distração. Por isso, é necessário escolher uma paleta de cores perfeita para o seu sítio Web que crie uma atmosfera agradável, causando assim um bom impacto nos visitantes. Melhore a experiência dos utilizadores selecionando uma paleta de cores complementares para dar um aspeto equilibrado ao design do seu sítio Web. Não se esqueça de utilizar o espaço em branco, pois evita que o seu sítio Web fique desorganizado e confuso. Evite também utilizar demasiadas cores. 3 ou 4 tons para todo o sítio Web são suficientes para dar um design apelativo e claro. O mesmo acontece com as imagens. Não utilize várias imagens vibrantes

1.2.6. Carregamento fácil

Ninguém gosta de um sítio Web que demora demasiado tempo a carregar. Por isso, tome cuidado ao otimizar os tamanhos das imagens, combinando o código num ficheiro CSS ou JavaScript central, uma vez que reduz os pedidos HTTP. Além disso, comprima HTML, JavaScript e CSS para aumentar a velocidade de carregamento.

1.2.7. Navegação fácil

Os estudos mostram que os visitantes permanecem mais tempo nos sítios Web com uma navegação fácil. Para uma navegação eficaz, pode considerar a criação de uma hierarquia lógica de páginas, a utilização de "bread scrums" e a conceção de botões clicáveis. Deve seguir a "regra dos três cliques" para que os visitantes possam obter a informação pretendida em três cliques.

1.2.8. Comunicação

O objetivo final dos visitantes é obter informações e, se o seu sítio Web for capaz de comunicar com os visitantes de forma eficiente, muito provavelmente estes passarão mais tempo no seu sítio Web. Os truques que podem funcionar para estabelecer uma comunicação sem esforço com os visitantes são: organizar a informação utilizando bem os títulos e os subtítulos, cortar a confusão e utilizar marcadores em vez de frases longas e apressadas.

1.3 PLANEAMENTO DO DESENVOLVIMENTO DO SÍTIO WEB

Antes de iniciar qualquer projeto, é importante colaborar e certificar-se de que todos têm uma visão clara antes de avançar. Ter um plano concreto e identificar potenciais sinais de alerta é a melhor forma de evitar desvios de âmbito, que podem afetar os orçamentos e os prazos no futuro.

1.3.1 Determinar os objectivos

O que é que se pretende alcançar? Qual é o principal objetivo do sítio Web? É importante compreender o objetivo geral do sítio Web quando se constrói um. É preciso ter a certeza de que se está a planear a "casa de sonho" e que esta é funcional e construída com as intenções e o público certos em mente.

Quer se esteja a tentar aumentar o número de membros, converter mais visitantes em contactos ou fornecer aos investidores informações valiosas, é necessário estabelecer estes objectivos no início, para que se saiba qual é o objetivo do criador.

1.3.2 Definir o público-alvo

Quais são os dados demográficos do público que se está a tentar atingir? Compreender o mercado-alvo é vital para criar planos para um sítio Web que o atraia. Faça a pesquisa, crie buyer personas e analise a concorrência. Também é uma boa ideia ver os sítios Web que o mercado-alvo poderá visitar. Tome nota dos gostos e desgostos. Ao manter o público-alvo em mente, torna-se muito mais fácil conceber um sítio Web que lhes agrade.

1.3.3 Otimização dos motores de busca (SEO)

É uma boa prática ter sempre em mente a SEO, uma vez que esta tem um impacto direto no seu desempenho e sucesso online. Não há melhor altura para se concentrar na SEO do que quando se está a construir um sítio Web, uma vez que pode ajudar a poupar muito tempo a longo prazo. Saber quais as palavras-chave que se pretende tentar classificar facilita a sua incorporação no design e na arquitetura do site. Também é extremamente importante, hoje em dia, ter um sítio Web compatível com dispositivos móveis ou responsivo, uma vez que o Google classifica-os melhor do que aqueles que não o são.

1.3.4 Plano de conteúdo

O conteúdo correto que fala com o público é fundamental para criar um sítio Web de sucesso. É necessário não só garantir que o conteúdo está lá, mas também que é educativo e envolvente para o público e optimizado para os motores de busca. O programador pode ter um sítio Web bem estruturado e concebido, mas se o conteúdo não estiver lá para o apoiar e as pessoas não o virem, então é um desperdício.

1.3.5 Desenvolver casos de utilização, mapa do site e wireframes

Os casos de utilização ajudam a estabelecer os requisitos do projeto. Ajudam a determinar a forma como os diferentes utilizadores se comportarão no sítio e a delinear os passos que um utilizador dará para atingir o seu objetivo ou tarefa. Quanto mais definir e compreender os vários casos de utilização, mais fácil será avançar. A criação de um mapa do sítio ajuda a organizar o conteúdo que se pretende ter no sítio Web. Constrói a base das páginas que o programador pretende incluir. Ao construir o mapa do site, o objetivo deve ser mantê-lo o mais intuitivo e simples possível. No entanto, é importante que todas as caraterísticas e funcionalidades sejam descritas.

Um wireframe é essencialmente uma planta do seu sítio Web que mostra a sua estrutura esquelética. É uma forma de o cliente ver a disposição, a navegação geral e a funcionalidade do sítio antes de começar a construção. As wireframes também ajudam o designer a ter uma ideia melhor de onde devem estar os diferentes componentes e fornecem-lhe um esboço de como o sítio Web deve funcionar e onde devem aparecer as diferentes caraterísticas.

1.4 NAVEGAÇÃO

A maior parte dos tipos de navegação dividem-se em três categorias principais:

Estruturais

Liga uma página a outra com base na hierarquia do sítio; em qualquer página, é de esperar que possa deslocar-se para a página acima e para as páginas abaixo dela.

Associativo

Liga páginas com tópicos e conteúdos semelhantes, independentemente da sua localização no sítio; as ligações tendem a atravessar fronteiras estruturais.

Utilidade

Liga páginas e funcionalidades que ajudam as pessoas a utilizar o próprio sítio; estas podem estar fora da hierarquia principal do sítio e a sua única relação entre si é a sua função.

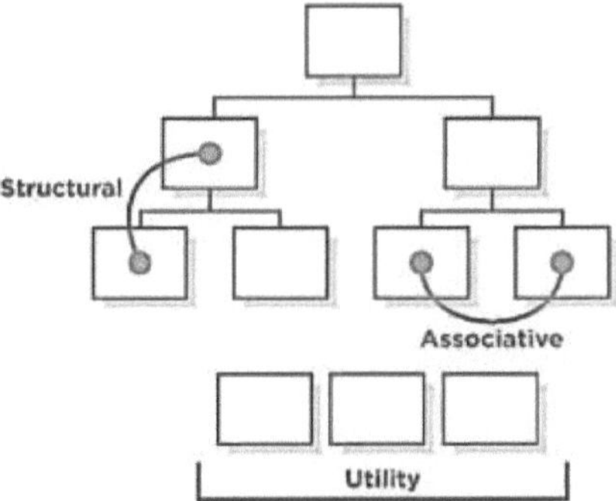

Figura 1.1- Tipos de navegações

1.4.1 Navegação estrutural

Como o seu nome indica, a navegação estrutural segue a estrutura de um sítio Web. Permite às pessoas deslocarem-se para cima e para baixo nos diferentes pontos da hierarquia de um sítio. A navegação estrutural pode ainda ser subdividida em dois tipos: navegação principal e navegação local.

Também designado por: navegação global, navegação primária, navegação principal.

A navegação principal representa geralmente as páginas de nível superior da estrutura de um sítio - ou as páginas imediatamente abaixo da página inicial. Espera-se que as hiperligações na navegação principal conduzam a páginas dentro do sítio e se comportem de uma forma muito consistente. Os utilizadores não esperam chegar a um sítio completamente diferente quando utilizam as ligações da navegação principal. As alterações na navegação de página para página são normalmente pequenas quando se utiliza a navegação principal.

Em geral, uma navegação principal suporta uma variedade de tarefas do utilizador e modos de procura de informação, incluindo a procura de itens conhecidos, a exploração e até a reencontro. Do ponto de vista do utilizador, a navegação principal desempenha um papel fundamental na utilização do sítio:

J A navegação principal fornece uma visão geral e responde a perguntas importantes que os utilizadores podem ter quando chegam a um sítio pela primeira vez, tais como "este sítio tem o que eu procuro?"

J A navegação principal ajuda na orientação. É reconfortante ter um mecanismo de navegação persistente em todo o sítio, especialmente para sítios grandes e ricos em informação.

J Permite às pessoas mudar de tópico. Os visitantes podem aceder a outras secções de um sítio de forma eficiente, ou podem reiniciar o seu percurso de navegação e começar de novo utilizando as opções de navegação principais.

J Ajuda quando os utilizadores são interrompidos durante a navegação e recorda aos visitantes onde se encontram num sítio.

J A navegação principal dá forma a um sítio. De muitas formas, a navegação principal define os limites do próprio sítio.

A navegação principal é frequentemente apresentada numa área de navegação global, que geralmente inclui o logótipo do sítio e a navegação utilitária. (Ver a secção seguinte para mais informações sobre a navegação utilitária). Tal como o nome "global" indica, estes controlos aparecem geralmente numa posição inalterada e consistente em todas ou quase todas as páginas de um sítio.

Navegação local

Também chamado: sub-navegação, navegação ao nível da página.

5

A navegação local é utilizada para aceder aos níveis inferiores de uma estrutura, abaixo das páginas de navegação principais. O termo "local" implica "dentro de uma determinada categoria". Numa determinada página, a navegação local mostra geralmente outras opções ao mesmo nível de uma hierarquia, bem como as opções abaixo da página atual.

A navegação local funciona frequentemente em conjunto com um sistema de navegação global e é, de facto, uma extensão da navegação principal. Como a navegação local varia mais frequentemente do que a navegação principal, é frequentemente tratada de forma diferente.

As disposições comuns da navegação local e da navegação principal incluem:

Invertido-L

É muito comum colocar uma navegação global ao longo do topo da página e ter a navegação local como uma lista de ligações verticais à esquerda, em forma de L invertido.

Horizontal

A navegação local pode também ser representada por uma segunda linha de opções sob uma navegação global horizontal ou por menus dinâmicos.

Vertical incorporado

Quando a navegação principal é apresentada num menu vertical à esquerda ou à direita, é comum incorporar a navegação local entre as opções de navegação principais numa estrutura em forma de árvore.

1.4.2 Navegação associativa

A navegação associativa estabelece ligações importantes entre níveis de uma hierarquia ou estrutura de um sítio. Enquanto lê sobre um tópico, o utilizador pode aceder a outros tópicos. Três tipos comuns de navegação associativa são: navegação contextual, ligações rápidas e navegação de rodapé.

a. Navegação contextual

Também designadas por: ligações associativas, ligações relacionadas.

Como o nome indica, a navegação contextual pode variar. É situacional. Embora as hiperligações possam fazer a transição para páginas semelhantes ao mesmo nível dentro do sítio, muitas vezes conduzem a novas áreas de conteúdo, tipos de páginas diferentes ou mesmo a um novo sítio.

Geralmente, a navegação contextual é colocada perto do conteúdo de uma página. Isto cria uma forte ligação entre o significado de um texto e as páginas relacionadas com a ligação.

b. Ligações rápidas

As ligações rápidas dão acesso a conteúdos ou áreas importantes do sítio que podem não estar representados numa navegação global. Embora semelhantes à navegação contextual, as ligações rápidas são contextuais para todo o sítio e não para uma determinada página. Geralmente destacam áreas de conteúdo ou tarefas frequentemente acedidas, mas também podem ser utilizadas para promover áreas mais profundas do sítio. Os profissionais de marketing podem ver o valor das ligações rápidas para um efeito de upsell.

As transições de página para página utilizando ligações rápidas podem variar muito. Por definição, tendem a saltar de um lado para o outro. Podem ligar a um sub-sítio relacionado, a uma área de loja online ou mesmo a um sítio Web completamente novo.

As ligações rápidas aparecem frequentemente no topo ou nos lados das páginas. Na página inicial, podem estar posicionados de forma proeminente num componente próprio, mas nas páginas seguintes podem ser reduzidos a um menu pendente ou dinâmico.

c. Navegação no rodapé

Localizada na parte inferior da página, a navegação no rodapé é normalmente representada por hiperligações de texto. Estas acedem frequentemente a uma única página sem outros níveis de estrutura abaixo delas - um beco sem saída, por assim dizer. Tradicionalmente, a navegação de rodapé contém informações suplementares não pertinentes ao tópico principal do sítio, tais como informações de direitos de autor, termos e condições e créditos do sítio. Neste sentido, a navegação em rodapé não responde a uma necessidade específica do utilizador, mas a um requisito legal para os proprietários do site. A navegação de rodapé é muitas vezes utilizada como um apanhado de vários tipos de conteúdo e pode não ter consistência num esquema organizacional.

1.4.3 Navegação utilitária

A navegação utilitária liga ferramentas e funcionalidades que ajudam os visitantes a utilizar o sítio. Estas páginas não fazem geralmente parte da hierarquia de tópicos principal do sítio. Por exemplo, uma ligação a um formulário de pesquisa ou a páginas de ajuda não faz parte da navegação principal ou dos sistemas de navegação local. Outras opções podem não ter uma página associada a elas. Em vez disso, são funções do sítio, como terminar a sessão ou alterar o tamanho do tipo de letra.

A navegação utilitária pode conduzir a diferentes tipos de páginas ou funções do sítio. As transições de página para página podem, por vezes, ser dramáticas. Por exemplo, a partir de um único mecanismo podem existir ligações para um carrinho de compras, para um formulário de pesquisa e para uma página sobre a organização do proprietário do sítio - todas elas muito diferentes umas das outras e que podem exigir uma reorientação significativa em cada nova página.

A navegação utilitária é geralmente mais pequena do que os mecanismos de navegação primária e aparece na parte superior, lateral ou inferior da página. A navegação utilitária global aparece muitas vezes como simples hiperligações de texto. Nalguns casos, a navegação utilitária está intimamente relacionada com a navegação principal. Como mencionado, a navegação utilitária e a navegação principal aparecem frequentemente juntas numa área de navegação global.

1.5 CRIAR MODELOS DE PÁGINA

Um modelo de sítio Web (ou modelo Web) é uma página Web pré-concebida ou um conjunto de páginas Web HTML que qualquer pessoa pode utilizar para "ligar" o seu próprio conteúdo de texto e imagens para criar um sítio Web. Os modelos de sítios Web são os principais atributos de um sítio Web. É como uma forma de carta concebida para justificar a separação entre a apresentação e o conteúdo do sítio Web. A principal função do modelo de sítio Web é gerar e produzir páginas Web a uma velocidade rápida. O algoritmo e a linguagem de programação de um modelo de sítio web permanecem predefinidos e funcionam de forma esquemática quando são dadas instruções.

Como o comércio eletrónico continua a mudar a forma como as pessoas se sentem atraídas pelos sítios Web, é aconselhável escolher modelos bons e eficazes para os sítios Web. Se o modelo de um sítio Web não for atrativo, as pessoas não o visitarão com frequência. Um modelo de sítio Web com bom aspeto é apelativo e mostra a criatividade do programador, do designer ou do webmaster. Criar um sítio Web requer tempo e dinheiro. Os modelos de sítios Web gratuitos resolvem ambos os problemas ao mesmo tempo.

Modelos de sítios Web flexíveis

Os programadores web criativos tentam sempre criar e implementar aplicações em modelos que sejam flexíveis e fáceis de manter, de modo a que os utilizadores dos sítios web possam trabalhar livremente, sem se depararem com quaisquer problemas no modelo, para mais pormenores, vá a www.impacts-audio.com. Ao criar modelos de sítios Web, os criadores de sítios Web devem ter em mente que a adulteração da infraestrutura deve ser tão baixa quanto possível. Os criadores de modelos de sítios Web deparam-se por vezes com o problema de calcular a combinação da lógica comercial e da lógica de apresentação. Para ultrapassar o problema, recorrem a alguns conceitos de engenharia de software.

Modelos de sites gratuitos

Nem toda a gente tem vontade de contratar programadores Web para construir um sítio Web. Tendem a fazê-lo eles próprios. A boa notícia é que não é necessário ser um perito nesta área para anexar um modelo de sítio web ao seu URL. Bastam os conhecimentos básicos de Internet e de desenvolvimento Web. Atualmente, é bastante fácil criar um sítio Web porque existem milhares de modelos Web disponíveis. Para mais pormenores, consulte www.oversightsystem.com. O bom é que também existem muitos modelos de sítios Web gratuitos. É preciso selecionar o melhor da lista e utilizá-lo. Não é necessário mais nada. Além disso, a maior parte dos modelos de sítios web gratuitos têm uma licença gratuita. Isto significa que não é preciso preocupar-se com nada. Além disso, os modelos de sítios web vêm com anúncios em miniatura e outras apresentações que tornam o sítio web ainda mais atrativo.

Tipos de modelos de sítios Web

É possível encontrar modelos de sítios Web gratuitos sobre moda, desporto, cinema, negócios, mundo empresarial, blogues, etc. É preciso procurar e encontrar a melhor combinação possível. Os modelos gratuitos podem ser facilmente personalizados e utilizados como base para o sítio Web de qualquer pessoa.

Questões de direitos de autor

É preciso ter em conta as leis de direitos de autor relativas aos modelos de sítios web gratuitos. Normalmente, os designers querem que os utilizadores mantenham os seus nomes na parte inferior do sítio Web. No entanto, alguns designers permitem que os utilizadores anexem os modelos sem quaisquer termos e condições.

1.6 TIPOGRAFIA WEB

Em termos leigos, a tipografia para a Web pode ser explicada como o processo de utilização de diferentes tipos de letra na Web. Por outro lado, a tipografia para a Web é uma bela arte de conceber e organizar diferentes tipos de tipos de letra, letras, palavras e parágrafos utilizados para criar um excelente design para a Web de acordo com as prioridades. Uma boa tipografia para a Web ajuda sobretudo o designer a estabelecer uma hierarquia visual eficaz e proporciona uma boa pontuação visual, bem como acentos gráficos. A tipografia para a Web ajuda o leitor em linha a ligar o texto às imagens sem qualquer problema.

É um facto bem conhecido que o TEXTO desempenha um papel muito importante na conceção de sítios Web. É interessante notar que, num sítio Web bem concebido, cada vez mais visitantes em linha procuram texto em vez de cores, imagens, gráficos ou som. De facto, as fontes da Web permitem que todos os web designers utilizem eficazmente fontes diferentes que não estão instaladas no sistema informático do utilizador final. A tipografia para a Web é um aspeto importante da conceção da Web. Nos últimos anos, têm-se registado muitos avanços na tipografia da Web.

Existem algumas áreas importantes nas quais uma pessoa pode facilmente melhorar a sua tipografia web. A longa lista de sugestões de melhoria inclui o tipo de letra, o tamanho, a escala e a hierarquia, o ritmo vertical do espaçamento entre linhas, a medida, uma grelha e um alinhamento bem planeados, o espaço em branco, a cor e o contraste. Para além disso, técnicas de utilização correta como a substituição de imagens CSS, a substituição escalável do Flash Inman, o cufón, a substituição de imagens Facelift, etc. Por último, mas não menos importante, a funcionalidade mais avançada conhecida como regra CSS3@font-face.

Uma boa tipografia para a Web ocupa realmente um lugar importante no design da Web e ajuda a criar um portal Web perfeito através de um bom programador Web. No entanto, existem alguns princípios fundamentais relativos à tipografia para a Web que devem ser tidos em conta por um webdesign e que são discutidos abaixo:

≠ Forte movimento horizontal

≠ Tipografia simples mas forte

≠ Boa gestão do espaço em branco

≠ Redimensionamento da tipografia

≠ As fontes divertidas acrescentam espontaneidade

RESUMO

Como vimos, a conceção da Web é um processo de concetualização, planeamento e construção de uma coleção de ficheiros electrónicos que determinam a disposição, as cores, os estilos de texto, a estrutura, os gráficos, as imagens e a utilização de funcionalidades interactivas que apresentam as páginas aos visitantes do sítio.

O Web design engloba muitas competências e disciplinas diferentes na produção e manutenção de sítios Web. Também engloba vários aspectos diferentes, incluindo a apresentação de páginas Web, a produção de conteúdos e o design gráfico.

REFERÊNCIAS

1.   Web Design The complete Reference, Thomas Powell, Tata McGrawHill
2.   HTML e XHTML A referência completa, Thomas Powell, Tata McGrawHill
3.   JavaScript 2.0 : A Referência Completa, Segunda Edição por Thomas Powell e Fritz Schneider
4.   PHP : A Referência Completa Por Steven Holzner, Tata McGrawHill
5.   www.w3schools.com
6.   www.github.com
7.   www.w3professors.com
8.   XML: Um Guia para Principiantes por Steven Holzner
9.   AJAX para principiantes , Ivan Bayross e Sharanam Shah, SPD
10. Desenvolvimento Web com jQuery (WROX) por Richard York
11. Aprender PHP, MySQL & JavaScript com j Query, CSS & HTML5 - por Robin Nixon ,SPD

CAPÍTULO 2

TERMINOLOGIAS WEB E HTML BÁSICO

Estrutura da unidade
Internet
ISP
navegador
URL
WWW
http
hipertexto
HTML
ETIQUETAS BÁSICAS DE HTML
Elementos de aninhamento
Elementos vazios
Anatomia de um HTML
Secção Imagens
Marcação de texto Secção
Secção de títulos
Parágrafos Secção
Secção Listas
LigaçõesSecção
Referências

A WWW é a parte mais utilizada da Internet. Baseia-se em URL's e http, e permite ligações dinâmicas a uma quantidade incrível de informação.

INTERNET

Uma rede mundial que liga milhões de computadores. Em 1998, a Internet tinha mais de 100 milhões de utilizadores em todo o mundo e esse número está a crescer rapidamente. Mais de 100 países estão ligados em trocas de dados, notícias e opiniões. Ao contrário dos serviços em linha, que são controlados centralmente, a Internet é descentralizada por definição. Cada computador da Internet, chamado anfitrião, é independente. Os seus operadores podem escolher os serviços de Internet a utilizar e os serviços locais a disponibilizar à comunidade mundial da Internet. Surpreendentemente, esta anarquia de conceção funciona extremamente bem. Há uma variedade de formas de aceder à Internet. A maioria dos serviços em linha, como a America Online, oferece acesso a alguns serviços da Internet. Também é possível obter acesso através de um fornecedor comercial de serviços Internet (ISP). Durante a maior parte da sua existência, a Internet foi essencialmente uma rede de investigação e académica. Mais recentemente, as empresas comerciais e um grande número de consumidores começaram a reconhecer o potencial da Internet. Atualmente, as pessoas e as empresas de todo o mundo podem utilizar a Internet para obter informações, comunicar e realizar negócios a nível mundial e aceder a uma vasta gama de serviços e recursos em linha.

ISP

Abreviatura de Internet Service Provider, uma empresa que fornece acesso à Internet. Por uma taxa mensal, o fornecedor de serviços fornece-lhe um pacote de software, um nome de utilizador, uma palavra-passe e um número de telefone de acesso. Equipado com um modem, o utilizador pode então ligar-se à Internet e navegar na World Wide Web e na USENET, bem como enviar e receber correio eletrónico. Para além de servir os particulares, os ISP servem também as grandes empresas, fornecendo uma ligação direta das redes da empresa à Internet. Os próprios ISP estão ligados uns aos outros através de pontos de acesso à rede (NAP). Os ISP são também designados por IAP (Internet Access Providers).

navegador

Abreviatura de Web browser, uma aplicação de software utilizada para localizar e visualizar páginas Web. Os dois browsers mais populares são o Netscape Navigator e o Microsoft Internet Explorer. Ambos são navegadores gráficos, o que significa que podem apresentar gráficos e texto. Além disso, a maioria dos navegadores modernos pode apresentar informações multimédia, incluindo som e vídeo, embora necessitem de plug-ins para alguns formatos.

URL

Os URLs permitem direcionar tanto as pessoas como as aplicações de software para uma variedade de informações, disponíveis a partir de vários protocolos diferentes da Internet. Abreviatura de Uniform Resource Locator, o endereço global de documentos e outros recursos na World Wide Web. A primeira parte do endereço indica o protocolo a utilizar e a segunda parte especifica o endereço IP ou o nome de domínio onde o recurso se encontra. protocol://domain_name.organization_type/full-path-of-file how://where/what Como exercício, vejamos o URL deste ficheiro: http://www.netspace.org/users/dwb/url-guide.html O esquema para este URL é "http" para o HyperText Transfer Protocol. O endereço Internet da máquina é "www.netspace.org", e o caminho para o ficheiro é "users/dwb/www- authoring.html". Quando estiver a trabalhar com a WWW, a maioria dos URLs terá um aspeto muito semelhante à estrutura geral deste. Note que ao usar URLs de FTP, HTTP e Gopher, o "caminho completo do ficheiro" terminará por vezes numa barra. Isto indica que o URL não está a apontar para um ficheiro específico, mas para um diretório. Neste caso, o servidor geralmente devolve o "índice padrão" desse diretório. Pode ser apenas uma listagem dos ficheiros disponíveis nesse diretório ou um ficheiro predefinido que o servidor procura automaticamente no diretório. Nos servidores HTTP, este ficheiro de índice predefinido é geralmente chamado "index.html", mas é frequentemente visto como "homepage.html", "home.html", "welcome.html" ou "default.html".

WWW

Um sistema de servidores da Internet que suporta documentos especialmente formatados. Os documentos são formatados numa linguagem denominada HTML (HyperText Markup Language) que suporta ligações a outros documentos, bem como a ficheiros gráficos, áudio e vídeo. Isto significa que pode saltar de um documento para outro simplesmente clicando nos pontos de acesso. Nem todos os servidores da Internet fazem parte da World Wide Web. Abreviatura de World Wide Web Consortium, um consórcio internacional de empresas envolvidas com a Internet e a Web. O W3C foi fundado em 1994 por Tim Berners-Lee, o arquiteto original da World Wide Web. O objetivo da organização é desenvolver normas abertas para que a Web evolua numa única direção, em vez de se dividir entre facções concorrentes. O W3C é o principal organismo de normalização para HTTP e HTML.

http

Abreviatura de HyperText Transfer Protocol, o protocolo subjacente utilizado pela World Wide Web. O HTTP define a forma como as mensagens são formatadas e transmitidas e as acções que os servidores Web e os browsers devem realizar em resposta a vários comandos. Por exemplo, quando introduz um URL no seu browser, este envia efetivamente um comando HTTP para o servidor Web, ordenando-lhe que vá buscar e transmita a página Web solicitada. O HTTP é designado por protocolo sem estado porque cada comando é executado de forma independente, sem qualquer conhecimento dos comandos que o precederam. Esta é a principal razão pela qual é difícil implementar sítios Web que reajam de forma inteligente aos dados introduzidos pelo utilizador. Esta lacuna do HTTP está a ser colmatada por uma série de novas tecnologias, incluindo ActiveX, Java, JavaScript e cookies. Atualmente, a maioria dos navegadores e servidores Web suporta o HTTP 1.1. Uma das principais caraterísticas do HTTP 1.1 é o facto de suportar ligações persistentes. Isto significa que, quando um navegador se liga a um servidor Web, pode receber vários ficheiros através da mesma ligação. Este facto deverá melhorar o desempenho em cerca de 20%.

hipertexto

Hipertexto significa simplesmente texto não linear. Um romance ou um artigo de revista é um exemplo de texto linear porque se destina a ser lido do princípio ao fim. A comunicação não linear é muito mais difícil de criar porque é necessário prever a possibilidade de cada leitor aceder ao material por uma ordem diferente.

HTML

Abreviatura de HyperText Markup Language, a linguagem de autor utilizada para criar documentos na World Wide Web. Hipertexto, para facilitar a navegação entre recursos (por exemplo, HyperText Markup Language ou HTML, um formato normalizado para descrever a estrutura de documentos para a transmissão de documentos hipermédia). Os documentos HTML são ficheiros ASCII com códigos incorporados para marcação lógica, formato (estilos de texto, títulos de documentos, parágrafos, tabelas) e hiperligações. Hipertexto, para facilitar a navegação entre recursos (por exemplo, HyperText Markup Language ou HTML, um formato normalizado para a descrição da estrutura de documentos para a transmissão de documentos hipermédia). Os documentos HTML são ficheiros ASCII com códigos incorporados para marcação lógica, formato (estilos de texto, títulos de documentos, parágrafos, tabelas) e hiperligações.

etiquetas de marcação

Os componentes do HTML.

página web

Um documento na WWW. Cada página Web é identificada por um URL (Uniform Resource Locator) único.

sítio Web

Um sítio (localização) na World Wide Web. Cada sítio Web contém uma página inicial, que é o primeiro documento que os utilizadores vêem quando entram no sítio. O sítio pode também conter documentos e ficheiros adicionais. Cada sítio é propriedade e gerido por um indivíduo, empresa ou organização.

página inicial

A página principal de um sítio Web. Normalmente, a página inicial serve de índice ou tabela de conteúdos para outros documentos armazenados no sítio.

ETIQUETAS BÁSICAS DE HTML

HTML (Hypertext Markup Language) é o código que é utilizado para estruturar uma página Web e o seu conteúdo. Por exemplo, o conteúdo pode ser estruturado num conjunto de parágrafos, numa lista de pontos com marcadores ou utilizando imagens e tabelas de dados. Como o título sugere, este artigo dar-lhe-á uma compreensão básica do HTML e das suas funções.

O HTML não é uma linguagem de programação; é uma linguagem de marcação que define a estrutura do seu conteúdo. O HTML é constituído por uma série de elementos, que são utilizados para envolver diferentes partes do conteúdo, para que este apareça de uma determinada forma ou actue de uma determinada maneira. As etiquetas que envolvem o conteúdo podem fazer com que uma palavra ou imagem tenha uma hiperligação para outro local, podem colocar palavras em itálico, podem tornar o tipo de letra maior ou mais pequeno, etc. Por exemplo, veja a seguinte linha de conteúdo:

O meu gato é muito rabugento

Se quiséssemos que a linha se mantivesse por si só, poderíamos especificar que se trata de um parágrafo, colocando-a entre etiquetas de parágrafo:

<p>O meu gato é muito rabugento</p>

As principais partes do nosso elemento são as seguintes:

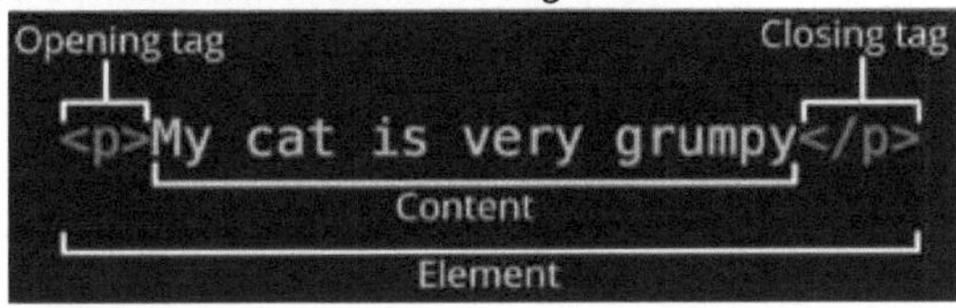

J A etiqueta de abertura: Consiste no nome do elemento (neste caso, p), envolto em parêntesis angulares de abertura e fecho. Indica onde o elemento começa ou começa a produzir efeitos - neste caso, onde começa o parágrafo.

J A etiqueta de fecho: É o mesmo que a etiqueta de abertura, exceto que inclui uma barra antes do nome do elemento. Isto indica onde o elemento termina - neste caso, onde termina o parágrafo. Não adicionar uma etiqueta de fecho é um dos erros normais dos principiantes e pode levar a resultados estranhos.

J O conteúdo: Este é o conteúdo do elemento, que neste caso é apenas texto.

J O elemento: A etiqueta de abertura, a etiqueta de fecho e o conteúdo constituem o elemento.

Os elementos também podem ter atributos com o seguinte aspeto:

Os atributos contêm informação extra sobre o elemento que não se pretende que apareça no conteúdo atual. Aqui, class é o nome do atributo e editornote é o valor do atributo. O atributo class permite-lhe dar ao elemento um identificador que pode ser utilizado mais tarde para direcionar o elemento com informações de estilo e outras coisas.

Um atributo deve ter sempre os seguintes elementos:

J Um espaço entre ele e o nome do elemento (ou o atributo anterior, se o elemento já tiver um ou mais atributos).

J O nome do atributo, seguido de um sinal de igual.

J Aspas de abertura e de fecho em torno do valor do atributo.

Elementos de aninhamento

Também é possível colocar elementos dentro de outros elementos - a isto chama-se aninhamento. Se quisermos dizer que o nosso gato é muito rabugento, podemos envolver a palavra "muito" num elemento <strong>, o que significa que a palavra deve ser fortemente enfatizada:

<p>O meu gato é <strong>muito</strong> rabugento.</p>

No entanto, é necessário certificar-se de que os seus elementos estão corretamente aninhados: no exemplo acima, abrimos primeiro o elemento <p> e depois o elemento <strong>; por conseguinte, temos de fechar primeiro o elemento <strong> e depois o elemento <p>. O seguinte está incorreto:

<p>O meu gato é <strong>muito rabugento.</p></strong>

Os elementos têm de abrir e fechar corretamente, de modo a ficarem claramente dentro ou fora uns dos outros. Se se sobrepuserem, como se mostra acima, o seu navegador Web tentará adivinhar o que estava a tentar dizer, o que pode levar a resultados inesperados. Por isso, não o faças!

Elementos vazios

Alguns elementos não têm conteúdo e são chamados elementos vazios. Tomemos o elemento <img> que já temos na nossa página HTML:

<img src="images/firefox-icon.png" alt="A minha imagem de teste">

Contém dois atributos, mas não há nenhuma tag de fechamento </img> e nenhum conteúdo interno. Isto deve-se ao facto de um elemento de imagem não envolver conteúdo para o afetar. O seu objetivo é incorporar uma imagem na página HTML no local em que aparece.

Anatomia de um HTML

Isto resume as noções básicas dos elementos HTML individuais, mas estes não são úteis por si só. Agora vamos ver como os elementos individuais são combinados para formar uma página HTML inteira. Vamos rever o código que colocámos no nosso exemplo index.html:

```
<!DOCTYPE html>
<html>
<head>
<meta charset="utf-8">
<title>A minha página de teste</title>
</head>
<body>
<img src="images/firefox-icon.png" alt="A minha imagem de teste">
</body>
</html>
```

Neste caso, temos o seguinte:

J <!DOCTYPE html> - O doctype. Nas brumas do tempo, quando o HTML era jovem (por volta de 1991/92), os doctypes serviam como ligações a um conjunto de regras que a página HTML tinha de seguir para ser considerada bom HTML, o que podia significar verificação automática de erros e outras coisas úteis. No entanto, hoje em dia ninguém se preocupa com eles, e são apenas um artefacto histórico que tem de ser incluído para que tudo funcione corretamente. Por agora, é tudo o que precisa de saber.

J <html></html> - o elemento <html>. Este elemento envolve todo o conteúdo de toda a página e é por vezes conhecido como o elemento raiz.

J <head></head> - o elemento <head>. Este elemento funciona como um contentor para tudo o que pretende incluir na página HTML que não seja o conteúdo que está a mostrar aos visualizadores da sua página. Isso inclui coisas como palavras-chave e uma descrição da página que você deseja que apareça nos resultados de pesquisa, CSS para estilizar nosso conteúdo, declarações de conjunto de caracteres e muito mais.

J <meta charset="utf-8"> - Este elemento define o conjunto de caracteres que o documento deve utilizar como UTF-8, que inclui a maioria dos caracteres da grande maioria das línguas escritas. Essencialmente, ele pode agora lidar com qualquer conteúdo textual que você possa colocar nele. Não há razão para não o definir, e pode ajudar a evitar alguns problemas mais tarde.

J <title></title> - o elemento <title>. Define o título da sua página, que é o título que aparece no separador do browser em que a página é carregada. Também é utilizado para descrever a página quando a marca/favorita.

J <body></body> - o elemento <body>. Este elemento contém todo o conteúdo que pretende mostrar aos utilizadores da Web quando estes visitam a sua página, quer se trate de texto, imagens, vídeos, jogos, faixas de áudio reproduzíveis ou qualquer outra coisa.

Secção Imagens

Vamos voltar a nossa atenção para o elemento <img>:

<img src="images/firefox-icon.png" alt="A minha imagem de teste">

Isto incorpora uma imagem na nossa página na posição em que aparece. Fá-lo através do atributo src (source), que contém o caminho para o nosso ficheiro de imagem. Incluímos também um atributo alt (alternativo). Neste atributo, especifica-se o texto descritivo para os utilizadores que não conseguem ver a imagem, possivelmente pelas seguintes razões:

J São deficientes visuais. Os utilizadores com deficiências visuais significativas utilizam frequentemente ferramentas denominadas leitores de ecrã para lhes lerem o texto alternativo.

J Algo correu mal, fazendo com que a imagem não seja apresentada. Por exemplo, tente alterar deliberadamente o caminho dentro do seu atributo src para o tornar incorreto. Se guardar e voltar a carregar a página, deverá ver algo como isto no lugar da imagem:

As palavras-chave para o texto alternativo são "texto descritivo". O texto alternativo que escreve deve fornecer ao leitor informações suficientes para que este tenha uma boa ideia do que a imagem transmite. Neste exemplo, o nosso texto atual de "A minha imagem de teste" não serve de nada. Uma alternativa muito melhor para o nosso logótipo do Firefox seria "O logótipo do Firefox: uma raposa flamejante a rodear a Terra."

Marcação de texto Secção

Esta secção abordará alguns dos elementos HTML essenciais que utilizará para marcar o texto.

Secção de títulos

Os elementos de título permitem-lhe especificar que certas partes do seu conteúdo são títulos - ou subtítulos. Da mesma forma que um livro tem um título principal, títulos de capítulos e subtítulos, um documento HTML também tem. O HTML contém 6 níveis de cabeçalhos, <h1>-<h6>, embora normalmente só se utilizem 3 ou 4, no máximo:

<h1>O meu título principal</h1>

<h2>O meu cabeçalho de nível superior</h2>

<h3>O meu subtítulo</h3>

<h4>O meu subtítulo</h4>

Agora tente adicionar um título adequado à sua página HTML logo acima do elemento <img>.

Parágrafos Secção

Tal como explicado anteriormente, os elementos <p> destinam-se a conter parágrafos de texto; utilizá-los-á frequentemente para marcar conteúdo de texto normal:

<p>Este é um parágrafo único</p>

Adicione o seu texto de exemplo (deve tê-lo obtido em Como deve ser o seu sítio Web?) num ou em alguns parágrafos, colocado diretamente abaixo do elemento <img>.

Secção Listas

Grande parte do conteúdo da Web é constituído por listas e o HTML tem elementos especiais para estas. A marcação das listas consiste sempre em pelo menos 2 elementos. Os tipos de listas mais comuns são as listas ordenadas e não ordenadas:

≠ Listas não ordenadas são para listas em que a ordem dos itens não importa, como uma lista de compras. Elas são envolvidas por um elemento <ul>.

≠ Listas ordenadas são para listas em que a ordem dos itens é importante, como uma receita. Estas são envolvidas por um elemento <ol>.

≠ Cada item dentro das listas é colocado dentro de um elemento <li> (item da lista).

Por exemplo, se quiséssemos transformar a parte do seguinte fragmento de parágrafo em

uma lista Na Mozilla, somos uma comunidade global de tecnólogos, pensadores e construtores trabalhando juntos ...
Podemos modificar a marcação para o seguinte
<p>Na Mozilla, somos uma comunidade global de</p>
<ul>
<li>tecnólogos</li>
<li>pensadores</li>
<li>construtores</li>
</ul>
<p>trabalhando juntos ... </p>

LigaçõesSecção

As hiperligações são muito importantes - são elas que fazem da Web uma Web! Para adicionar uma ligação, precisamos de utilizar um elemento simples - <a> - "a" é a forma abreviada de "âncora". Para transformar o texto do seu parágrafo numa ligação, siga estes passos:

Escolhe um texto. Nós escolhemos o texto "Mozilla Manifesto".

Envolva o texto num elemento <a>, como mostrado abaixo:

<a>Manifesto do Mozilla</a>

Dê ao elemento <a> um atributo href, como mostrado abaixo:

<a href="">Manifesto do Mozilla</a>

Preencha o valor deste atributo com o endereço Web para o qual pretende que a ligação seja estabelecida:

<a href="https://www.mozilla.org/en-US/about/manifesto/">Manifesto do Mozilla</a>

Poderá obter resultados inesperados se omitir a parte https:// ou http://, designada por protocolo, no início do endereço Web. Depois de criar uma ligação, clique nela para se certificar de que está a ser enviado para onde pretendia.

REFERÊNCIAS

1. Web Design The complete Reference, Thomas Powell, Tata McGrawHill
2. HTML e XHTML A referência completa, Thomas Powell, Tata McGrawHill
3. JavaScript 2.0 : A Referência Completa, Segunda Edição por Thomas Powell e Fritz Schneider
4. PHP : A Referência Completa Por Steven Holzner, Tata McGrawHill
5. www.w3schools.com
6. www.github.com
7. www.w3professors.com
8. www.webster.edu
9. XML: Um Guia para Principiantes por Steven Holzner
10. AJAX para principiantes , Ivan Bayross e Sharanam Shah, SPD
11. Desenvolvimento Web com jQuery (WROX) por Richard York
12. Aprender PHP, MySQL e JavaScript com j Query, CSS e HTML5 - por Robin Nixon, SPD

CAPÍTULO 3

HTML, FRAMES HTML E PUBLICAÇÃO E MANUTENÇÃO DE SÍTIOS WEB

Estrutura da unidade
Introdução
Molduras Html
Publicar um sítio Web
Manutenção de um sítio Web
Referências

INTRODUÇÃO

HTML é a linguagem de marcação padrão para a criação de páginas Web.

ꞁ HTML significa Hyper Text Markup Language (Linguagem de Marcação de Hipertexto)

ꞁ O HTML descreve a estrutura das páginas Web utilizando marcação

ꞁ Os elementos HTML são os blocos de construção das páginas HTML

ꞁ Os elementos HTML são representados por etiquetas

ꞁ As etiquetas HTML identificam partes de conteúdo como "título", "parágrafo", "tabela", etc.

ꞁ Os browsers não apresentam as etiquetas HTML, mas utilizam-nas para apresentar o conteúdo da página

Amostra de um documento HTML simples

```
<!DOCTYPE html>
<html>
<head>
<title>Título da página</title>
</head>
<body>
<h1>O meu primeiro título</h1>
<p>O meu primeiro parágrafo.</p>
</body>
</html>
```

Exemplo explicado

ꞁ A declaração <!DOCTYPE html> define este documento como sendo HTML5

ꞁ O elemento <html> é o elemento raiz de uma página HTML

ꞁ O elemento <head> contém meta-informações sobre o documento

ꞁ O elemento <title> especifica um título para o documento

ꞁ O elemento <body> contém o conteúdo visível da página

ꞁ O elemento <h1> define um título grande

ꞁ O elemento <p> define um parágrafo

No fundo, o HTML é uma linguagem bastante simples composta por elementos, que podem ser aplicados a partes de texto para lhes dar um significado diferente num documento (é um parágrafo? é uma lista com marcadores? faz parte de uma tabela?), estruturar um documento em secções lógicas (tem um cabeçalho? três colunas de conteúdo? um menu de navegação?) e incorporar conteúdos como imagens e vídeos numa página.

Introdução ao HTML

Abrange as bases absolutas do HTML, para que possa começar - definimos elementos, atributos e outros termos importantes, e mostramos onde se enquadram na linguagem. Também mostramos como é estruturada uma página HTML típica e como é estruturado um elemento HTML, e explicamos outras caraterísticas básicas importantes da linguagem. Ao longo do percurso, vamos brincar com um pouco de HTML para o deixar interessado!

O que é que está na cabeça? Metadados em HTML

O cabeçalho de um documento HTML é a parte que não é apresentada no navegador Web quando a página é carregada. Contém informações como o <título> da página, ligações para CSS (se pretender estilizar o seu conteúdo HTML com CSS), ligações para favicons personalizados e metadados (dados sobre o HTML, como quem o escreveu e palavras-chave importantes que descrevem o documento).

Fundamentos do texto HTML

Uma das principais funções do HTML é dar significado ao texto (também conhecido como semântica), para que o browser saiba como o apresentar corretamente. Este artigo analisa a forma de utilizar o HTML para dividir um bloco de texto numa estrutura de títulos e parágrafos, dar ênfase/importância a palavras, criar listas e muito mais.

Criar hiperligações

As hiperligações são muito importantes - são elas que fazem da Web uma Web. Este artigo mostra a sintaxe necessária para criar um link e discute as melhores práticas para links.

Formatação avançada de texto

Existem muitos outros elementos em HTML para formatar texto que não foram abordados no artigo sobre os fundamentos do texto em HTML. Os elementos aqui apresentados são menos conhecidos, mas ainda assim úteis. Neste artigo, aprenderá a marcar citações, listas de descrição, código informático e outro texto relacionado, subscrito e sobrescrito, informações de contacto e muito mais.

Estrutura do documento e do sítio Web

Para além de definir partes individuais da sua página (como "um parágrafo" ou "uma imagem"), o HTML também é utilizado para definir áreas do seu sítio Web (como "o cabeçalho", "o menu de navegação" ou "a coluna de conteúdo principal").

MOLDURAS HTML

As molduras HTML são utilizadas para dividir a janela do browser em várias secções, em que cada secção pode carregar um documento HTML separado. Uma coleção de molduras na janela do browser é conhecida como um conjunto de molduras. A janela é dividida em molduras da mesma forma que as tabelas são organizadas: em linhas e colunas.

Desvantagens dos quadros

A utilização de molduras tem alguns inconvenientes, pelo que nunca é recomendada a utilização de molduras nas suas páginas Web.

Alguns dispositivos mais pequenos não conseguem lidar com molduras, muitas vezes porque o seu ecrã não é suficientemente grande para ser dividido.

Por vezes, a sua página é apresentada de forma diferente em diferentes computadores devido a diferentes resoluções de ecrã.

O botão de retrocesso do browser pode não funcionar como o utilizador espera.

Ainda existem alguns browsers que não suportam a tecnologia de molduras.

Criar molduras

Para usar quadros numa página, usamos a tag <frameset> em vez da tag <body>. A tag <frameset> define como dividir a janela em quadros. O atributo rows da tag <frameset> define os frames horizontais e o atributo cols define os frames verticais. Cada quadro é indicado pela etiqueta <frame> e define o documento HTML que deve ser aberto no quadro.

Exemplo

Segue-se o exemplo para criar três molduras horizontais - <!DOCTYPE html>

<html>

<head>

<title>Quadros HTML</title>

```html
</head>
<frameset rows = "10%,80%,10%">
<frame name = "top" src = "/html/top_frame.htm" />
<frame name = "main" src = "/html/main_frame.htm" />
<frame name = "bottom" src = "/html/bottom_frame.htm" /> <noframes>
<body>O seu browser não suporta frames.</body> </noframes>
</frameset>
</html>
```

Exemplo

Vamos colocar o exemplo acima da seguinte forma, aqui substituímos o atributo rows por cols e alterámos a sua largura. Isto criará as três molduras verticalmente -

```html
<!DOCTYPE html>
<html>
<head>
<title>Quadros HTML</title>
</head>
<frameset cols = "25%,50%,25%">
<frame name = "left" src = "/html/top_frame.htm" />
<frame name = "center" src = "/html/main_frame.htm" />
<frame name = "right" src = "/html/bottom_frame.htm" /> <noframes>
<body>O seu browser não suporta frames.</body>
</noframes>
</frameset>
</html>
```

Atributos da etiqueta <frameset>

Seguem-se atributos importantes da **etiqueta <frameset> -**

cols

J Especifica quantas colunas estão contidas no conjunto de molduras e o tamanho de cada coluna. Pode especificar a largura de cada coluna de uma das quatro formas -

J Valores absolutos em pixéis. Por exemplo, para criar três quadros verticais, utilize cols = "100, 500, 100".

J Uma percentagem da janela do browser. Por exemplo, para criar três molduras verticais, utilize cols = "10%, 80%, 10%".

J Utilizar um símbolo wildcard. Por exemplo, para criar três molduras verticais, utilize cols = "10%, *, 10%". Neste caso, o carácter universal ocupa o resto da janela.

J Como larguras relativas da janela do browser. Por exemplo, para criar três molduras verticais, utilize cols = "3*, 2*, 1*". Esta é uma alternativa às percentagens. Pode utilizar larguras relativas da janela do browser. Aqui a janela está dividida em sextos: a primeira coluna ocupa metade da janela, a segunda ocupa um terço e a terceira ocupa um sexto.

linhas

J Este atributo funciona exatamente como o atributo cols e assume os mesmos valores, mas é utilizado para especificar as linhas no conjunto de molduras. Por exemplo, para criar duas molduras horizontais, utilize rows = "10%, 90%". Pode especificar a altura de cada linha da mesma forma que foi explicado acima para as colunas.

fronteira

J Este atributo indica a largura da margem de cada fotograma em píxeis. Por exemplo, border = "5". Um valor de zero significa que não há moldura.

moldura

J Este atributo indica se deve ser apresentada uma moldura tridimensional entre os quadros. Este atributo assume o valor 1 (sim) ou 0 (não). Por exemplo, frameborder = "0" indica a ausência de moldura.

espaçamento entre quadros

J Este atributo especifica a quantidade de espaço entre os fotogramas de um conjunto de fotogramas. Pode assumir qualquer valor inteiro. Por exemplo, framespacing = "10" significa que deve haver um espaço de 10 pixéis entre cada fotograma.

TAG <frame>

Seguem-se os atributos importantes da etiqueta <frame> -

src

J Este atributo é utilizado para indicar o nome do ficheiro que deve ser carregado na moldura. O seu valor pode ser qualquer URL. Por exemplo, src = "/html/top_frame.htm" carregará um ficheiro HTML disponível no diretório html.

nome

J Este atributo permite-lhe atribuir um nome a uma moldura. É utilizado para indicar em que moldura um documento deve ser carregado. Isto é especialmente importante quando se pretende criar ligações numa moldura que carregam páginas numa outra moldura, caso em que a segunda moldura necessita de um nome para se identificar como o alvo da ligação.

moldura

J Este atributo especifica se os bordos dessa moldura são ou não mostrados; substitui o valor dado no atributo frameborder da etiqueta <frameset>, caso exista, e pode assumir os valores 1 (sim) ou 0 (não).

largura da margem

J Este atributo permite-lhe especificar a largura do espaço entre a esquerda e a direita dos limites da moldura e o conteúdo da moldura. O valor é dado em pixéis. Por exemplo, marginwidth = "10".

altura da margem

J Este atributo permite-lhe especificar a altura do espaço entre a parte superior e inferior dos limites da moldura e o seu conteúdo. O valor é dado em pixéis. Por exemplo, marginheight = "10".

noresize

J Por predefinição, é possível redimensionar qualquer moldura clicando e arrastando nas margens de uma moldura. O atributo noresize impede que um utilizador possa redimensionar a moldura. Por exemplo, noresize = "noresize".

deslocação

J Este atributo controla o aspeto das barras de deslocação que aparecem na moldura. Assume os valores "yes", "no" ou "auto". Por exemplo, scrolling = "no" significa que não deve ter barras de deslocação.

descrição longa

J Este atributo permite-lhe fornecer uma ligação para outra página que contenha uma descrição longa do conteúdo da moldura. Por exemplo, longdesc = "framedescription.htm"

Suporte do navegador para frames

Se um utilizador estiver a utilizar um browser antigo ou um browser que não suporte frames, então o elemento <noframes> deve ser apresentado ao utilizador.

Portanto, você deve colocar um elemento <body> dentro do elemento <noframes> porque o elemento <frameset> deve substituir o elemento <body>, mas se um navegador não entender o elemento <frameset>, ele deve entender o que está dentro do elemento <body> que está contido em um elemento <noframes>.

Pode colocar uma mensagem simpática para o seu utilizador que tenha browsers antigos. Por exemplo, "Sorry!! your browser does not support frames" (Desculpe!! seu navegador não suporta quadros), como mostrado no exemplo acima.

Nome do quadro e atributos de destino

Uma das utilizações mais populares das molduras é colocar barras de navegação numa moldura e depois carregar as páginas principais numa moldura separada.

Vejamos o seguinte exemplo, em que um ficheiro test.htm tem o seguinte código -

```
<!DOCTYPE html>
<html>
<head>
<title>Quadros de destino HTML</title>
</head>
<frameset cols = "200, *">
<frame src = "/html/menu.htm" name = "menu_page" />
<frame src = "/html/main.htm" name = "main_page" /> <noframes>
<body>O seu browser não suporta frames.</body> </noframes>
</frameset>
</html>
```

Aqui, criámos duas colunas para preencher com duas molduras. A primeira moldura tem 200 pixels de largura e conterá a barra de menu de navegação implementada pelo ficheiro menu.htm. A segunda coluna preenche o espaço restante e contém a parte principal da página e é implementada pelo ficheiro main.htm. Para todas as três hiperligações disponíveis na barra de menus, mencionámos a moldura de destino como main_page, por isso, sempre que clicar numa das hiperligações da barra de menus, a hiperligação disponível será aberta na página principal.

Segue-se o conteúdo do ficheiro menu.htm

```
<!DOCTYPE html>
<html>
<body bgcolor = "#4a7d49">
<a href = "http://www.google.com" target = "main_page">Google</a>
<br />
<br />
<a href = "http://www.microsoft.com" target = "main_page">Microsoft</a>
<br />
<br />
<a href = "http://news.bbc.co.uk" target = "main_page">BBC News</a>
</body>
</html>
```

Segue-se o conteúdo do ficheiro main.htm -

```
<!DOCTYPE html>
<html>
<body bgcolor = "#b5dcb3">
<h3>Esta é a página principal e o conteúdo de qualquer ligação será apresentado aqui.</h3>
<p>Então agora clique em qualquer link e veja o resultado.</p>
</body>
</html>
```

O atributo targetattribute também pode assumir um dos seguintes valores -

_self

Carrega a página na moldura atual.

Em branco

Carrega uma página numa nova janela do browser. Abrir uma nova janela.

Pai

Carrega a página na janela principal, que no caso de um único conjunto de quadros é a janela principal do navegador.

topo

Carrega a página na janela do navegador, substituindo quaisquer quadros atuais.

estrutura-alvo

Carrega a página em um quadro de destino nomeado.

PUBLICAR UM SÍTIO WEB

O processo de publicação de um sítio Web pode ser dividido em três etapas simples: encontrar um fornecedor de alojamento Web e registar o seu domínio, configurar o seu sítio Web e publicar conteúdos.

Passo 1: Encontrar um plano de alojamento Web

O tipo de alojamento Web de que o seu sítio Web irá necessitar depende de determinadas considerações, como a sua funcionalidade, o número de visitantes que espera receber e o número de páginas que irá conter.

A menos que espere que o seu sítio Web receba milhares de visitantes por dia ou planeie criar um sítio Web com grandes exigências, é muito provável que consiga sobreviver com um fornecedor de Alojamento Web que ofereça Alojamento Partilhado, também conhecido como Alojamento Web Barato.

Com o Alojamento Partilhado, o seu site partilhará os recursos do servidor com outros sites no mesmo servidor que o seu. Como os servidores modernos são incrivelmente poderosos, vários sites podem residir num servidor sem criar problemas de desempenho.

Os fornecedores de alojamento monitorizam extensivamente os servidores partilhados. Se um sítio Web estiver a utilizar demasiados recursos do servidor, os fornecedores tomam as medidas necessárias para garantir a estabilidade do serviço. Todos os fornecedores têm como objetivo oferecer um tempo de funcionamento o mais próximo possível de 100%.

Utilizar o WordPress

Um plano de alojamento WordPress - permite-lhe instalar facilmente o Sistema de Gestão de Conteúdos (CMS) WordPress com um único clique. Dependendo da complexidade da sua ideia de sítio Web, poderá simplesmente selecionar um tema que defina o aspeto do sítio e começar a publicar conteúdos imediatamente.

O WordPress é, por uma boa razão, o CMS mais popular do mundo - é flexível, fácil de utilizar e responsável pelo funcionamento de mais de metade dos sítios Web activos na Internet atualmente.

Muitas vezes, a empresa de Alojamento Web até se responsabiliza por manter o CMS, os plugins e os temas actualizados, garantindo estabilidade e segurança constantes para o seu sítio Web.

Registo de domínios

O nome de domínio define o endereço que as pessoas utilizam para encontrar o seu sítio Web - por exemplo, o nome de domínio deste sítio é webhostingsearch.com. A maioria das empresas de alojamento Web oferece-se para registar um domínio em seu nome quando compra um pacote de alojamento com elas. Normalmente, é mais simples registar um domínio junto da sua empresa de alojamento, uma vez que esta associará automaticamente o nome de domínio ao seu servidor Web.

No entanto, se preferir, também pode comprar um Nome de Domínio a um "Registador de

Domínios". Para registar o seu domínio desta forma, terá de iniciar sessão na sua conta no sítio Web do Registador de Domínios e associar o domínio ao(s) endereço(s) DNS do seu sítio Web. A nossa ferramenta de pesquisa de domínios pode ajudá-lo a decidir qual o melhor nome de domínio para o seu sítio Web, verificar a sua disponibilidade e ajudá-lo a registá-lo. Basta especificar algumas palavras-chave e a ferramenta fornecerá sugestões baseadas nessas palavras e em palavras semelhantes, incluindo sinónimos e expressões relacionadas.

Instalação automática de aplicações

Depois de criar a sua conta de Alojamento Web e registar o seu Nome de Domínio, pode iniciar sessão na sua conta de alojamento. A maioria dos fornecedores de Alojamento Web utiliza painéis de controlo com interfaces gráficas intuitivas, como o cPanel ou o Plesk.

Aqui poderá personalizar o seu plano de alojamento e instalar aplicações de software, incluindo sistemas de gestão de conteúdos como o WordPress, o Joomla ou o Drupal.

Passo 2: Configurar o seu sítio Web

Antes de começar, considere se pretende criar um sítio Web dinâmico, utilizando um sistema de gestão de conteúdos (CMS), ou um sítio Web estático, utilizando um construtor de sítios Web ou o seu próprio código escrito à mão.

Em geral, a manutenção de um grande sítio Web estático exige mais esforço do que a manutenção de um sítio Web dinâmico alimentado por um CMS. No entanto, se pretender apenas criar um pequeno sítio Web com algumas páginas simples, um sítio Web estático pode valer a pena considerar. Embora não tenham a funcionalidade oferecida pelos plugins CMS, o seu desenvolvimento é geralmente rápido e económico.

Software de Web Design: Criar um sítio Web 'estático

Se souber escrever em HTML, CSS e JavaScript, pode conceber o seu sítio Web utilizando um editor de texto como o Notepad++ e pré-visualizar as suas páginas abrindo os ficheiros no seu navegador. Quando cria um sítio Web desta forma, está a criar um sítio Web "estático"; cada página é um ficheiro único no seu servidor Web e é apresentada exatamente como a criou quando alguém visita o seu URL.

Se criar um sítio Web desta forma não for uma opção para si, existem inúmeros construtores de sítios Web WYSIWYG (What You See Is What You Get) que lhe permitem criar um sítio Web com todas as funções necessárias, mesmo que não tenha conhecimentos técnicos.

Sistemas de gestão de conteúdos (CMS)

A criação de um sítio Web com um CMS liberta-o da necessidade de conceber cada página de raiz. Os sistemas de gestão de conteúdos armazenam as informações do seu sítio Web numa base de dados e baseiam-se num modelo para definir o seu aspeto e funcionalidade. Estes modelos utilizam HTML e JavaScript com CSS e, normalmente, todas as páginas mantêm o mesmo design e estrutura básicos.

A instalação de um CMS no seu plano de Alojamento Web é normalmente um processo simples, graças aos instaladores de um clique integrados nos modernos painéis de controlo de alojamento. Uma vez instalado, pode adicionar e modificar facilmente o conteúdo, o design e a funcionalidade do seu sítio Web, iniciando sessão no CMS a partir de qualquer navegador da Internet.

Se quiser alterar o aspeto do seu sítio Web, pode simplesmente mudar para um novo modelo ou tema. Os modelos ditam os diferentes tipos de páginas disponíveis para si. Por exemplo, a página de contactos, a página inicial e a página de artigos terão um aspeto diferente umas das outras devido às suas intenções contraditórias. Pode alterar os modelos e os temas sempre que quiser, sem alterar o conteúdo do seu sítio Web ou colocá-lo offline.

Configurar um sistema de gestão de conteúdos

A instalação e configuração de um CMS é um processo muito simples se a sua empresa de alojamento Web oferecer a instalação automática de CMS.

Depois de instalar o CMS através do painel de controlo da sua empresa de alojamento, receberá instruções por e-mail que explicam como iniciar sessão no CMS. Por exemplo, com o WordPress, isto é feito adicionando "/wp-admin" ao final do URL do seu sítio Web.

Depois de introduzir a sua palavra-passe, verá o menu principal do seu CMS. O mais provável é que queira instalar primeiro um modelo, uma vez que o design e a funcionalidade do sítio podem ditar o conteúdo que coloca no mesmo. No WordPress, pode escolher um modelo selecionando a opção "Temas" no menu "Aparência" e adaptá-lo às suas preferências utilizando a funcionalidade "Personalizar".

Assim que o tema estiver organizado, recomendamos que adicione alguns plug-ins úteis. O All-in-one SEO, por exemplo, é muito útil para analisar o seu conteúdo e sugerir como obter uma classificação mais elevada nos resultados de pesquisa. Também pode encontrar plugins que aumentam a segurança do seu sítio Web. Ao instalar plugins, tenha cuidado para não adicionar demasiados de uma só vez - por vezes, os plugins não funcionam bem em conjunto ou tornam o seu sítio significativamente mais lento.

Etapa 3: Publicação de conteúdos

Agora que já tem o plano de Alojamento Web definido e o design e a funcionalidade do seu sítio Web decididos, está na altura da parte mais importante: adicionar conteúdo. Sem conteúdo de qualidade, o seu sítio não será encontrado pelo seu público-alvo, independentemente do seu bom aspeto.

Websites estáticos

Se optou por criar o seu sítio Web utilizando um editor WYSIWYG ou o seu próprio código escrito à mão, o seu sítio Web estará disponível para o público assim que carregar os ficheiros para o servidor. Embora o seu fornecedor de alojamento Web tenha provavelmente uma solução de gestão de ficheiros para este fim, estes sistemas são muitas vezes lentos e pouco fiáveis, chegando mesmo a desligar-se inesperadamente a meio de grandes transferências.

Em vez disso, sugerimos a utilização de uma ferramenta de protocolo de transferência de ficheiros (FTP) de código aberto, como o WinSCP ou o FileZilla, que se liga diretamente ao seu servidor. Se a ligação for interrompida, tentará automaticamente retomá-la e continuar a transferência de ficheiros, poupando-lhe tempo e frustração.

Sítios Web dinâmicos

Se optou por criar o seu sítio Web utilizando um Sistema de Gestão de Conteúdos dinâmico, como o WordPress, pode adicionar novos conteúdos clicando na ligação "Adicionar novo" na secção de menu "Publicações" ou "Páginas" no Painel de Controlo. As páginas destinam-se a conteúdos que raramente são alterados, como "Sobre nós" ou "História da empresa". As novas páginas aparecerão normalmente na barra de navegação do seu site, que pode ser personalizada na secção 'Menus'.

Se o seu sítio Web for um blogue, a maior parte do seu conteúdo será constituída por publicações. Cada publicação que criar será datada e a página inicial do seu sítio Web pode ser configurada para apresentar as suas publicações mais recentes. Lembre-se de que os blogues não são exclusivamente pessoais; muitos sítios Web de empresas têm secções de blogue para actualizações de notícias e outras informações sensíveis ao tempo, e para permitir que os motores de busca saibam que o sítio está a ser mantido ativamente - o que pode contribuir para melhorar a sua classificação.

MANUTENÇÃO DE UM SÍTIO WEB

Porque é que a manutenção do sítio Web é importante?

Com a manutenção regular do sítio Web, o seu sítio funcionará sem problemas. Nada de visitantes insatisfeitos porque algo no sítio não funcionou ou porque uma ligação que forneceu está avariada.

Os visitantes regulares estão à procura de novidades, por isso, forneça-lhes informações, produtos ou caraterísticas novas e interessantes.

Os sítios Web estão sujeitos a serem pirateados. Utilizando um programa de manutenção de sítios Web adequado, pode tentar evitar a pirataria informática, mantendo tudo atualizado.

Há todo o tipo de coisas que precisam de ser feitas para manter um sítio Web. Quer decida fazê-las você mesmo ou contratar um serviço externo, o trabalho tem de ser feito na mesma.

Actualizações do sítio Web

Pense nisso, se visitar um sítio Web que não é atualizado regularmente, continuará a visitá-lo? Então, porque é que o seu próprio sítio Web ou blogue deve ser assim?

Conteúdo do sítio Web

O conteúdo do sítio Web pode incluir texto escrito, imagens, transferências gratuitas, qualquer coisa que atraia novos visitantes e faça com que os seus actuais visitantes regressem. Eis algumas ideias:

- Actualizações de produtos

As actualizações de produtos são muito importantes se o seu sítio tiver um elemento de comércio eletrónico.

1. Novos produtos adicionados anunciados.

Não se esqueça de atualizar a sua navegação, de acrescentar uma página para o novo produto e de a adicionar ao mapa do seu sítio.

Se tiver um design com uma navegação lateral (chamada barra lateral num blogue), as actualizações podem ser adicionadas a essa barra para que, independentemente da página a que o visitante chega, veja o anúncio do novo produto.

2. Descontinuação de um produto. Tal como o anúncio de novos produtos, se estiver a descontinuar um produto, a inclusão de um anúncio na navegação lateral tornará a informação disponível em todas as suas páginas.

3. As próximas alterações de preços seriam outra coisa a anunciar. Talvez até se possa fazer uma compra rápida.

• **Notícias da empresa**

Recebeu uma menção no jornal? Alguém fez uma avaliação do seu sítio ou produto? Tudo isto é o que se chama prova social e é necessário mostrar aos visitantes o que os outros dizem sobre si.

Está a crescer tanto que precisa de novos funcionários? Anuncie e apresente os novos membros do seu pessoal.

• **Brindes**

Fazer um sorteio ou um concurso periodicamente é uma boa maneira de criar algum buzz sobre o seu site.

A atualização de conteúdos antigos também deve constar da lista de manutenção do seu sítio Web. A informação torna-se desactualizada, por isso mantenha o seu conteúdo atualizado para mostrar aos seus visitantes que está a par do assunto.

Adição de caraterísticas

Se, na altura em que criou o sítio Web, houve algo que ficou de fora devido a restrições orçamentais, talvez agora o orçamento o possa pagar?

Dê uma vista de olhos ao seu sítio Web/blog de vez em quando e veja se há algum tipo de melhoria que possa ser feita. Algo em que não tenha pensado anteriormente.

Talvez tenha algum feedback dos visitantes que precise de ser implementado?

• Corrigir um problema de usabilidade que foi mencionado.

• Está na altura de adicionar um blogue se tiver um sítio Web normal e ainda não o tiver?

• Aderiu a um ou dois sítios de redes sociais? Adicione o(s) botão(ões) adequado(s) e as hiperligações para os seus perfis sociais.

• Acrescente uma secção de perguntas frequentes para reduzir o número de mensagens de correio eletrónico e chamadas telefónicas com estas perguntas habituais.

Tarefas regulares de manutenção do sítio Web

Existem algumas tarefas regulares de manutenção do sítio Web que deve efetuar de forma programada. Agendar pelo menos uma vez por mês seria a melhor forma de começar.

Fazer cópias de segurança do seu sítio Web

Fazer cópias de segurança do seu sítio Web é algo que deve fazer sempre, especialmente se for do tipo que utiliza a interface online da sua loja ou blogue para fazer alterações. As coisas acontecem. Mesmo que a empresa de alojamento web diga que faz cópias de segurança dos sítios nos seus servidores, a última cópia de segurança pode ter sido feita antes da sua última edição. Se o servidor falhar por algum motivo ou se o seu sítio for pirateado, as suas edições desaparecerão se a empresa de alojamento web restaurar as cópias de segurança. Imagine perder um dia inteiro de trabalho, só porque não tirou uns minutos para fazer uma cópia de segurança do sítio.

Monitorizar as interrupções do sítio Web

Se o seu sítio for abaixo, quer ser o primeiro a saber e não receber um e-mail de alguém que não consegue aceder ao seu sítio.

O SiteUp é um pequeno programa que corre no seu computador em segundo plano, verificando o seu sítio regularmente. Notifica-o quando o sítio está em baixo com um popup. Obviamente, o seu computador tem de estar ligado para que funcione.

Verificar informações de registo de domínios

Veja nos registos WHOIS quais as informações registadas para o seu nome de domínio. Certifique-se de que estão corretas. Por vezes, quando se inscreveu inicialmente no seu domínio, utilizou um endereço de correio eletrónico que já não é válido. Este tem de ser atualizado, pois quando há um problema com o seu domínio ou é enviado um aviso de expiração, não recebe os e-mails. Estes são enviados para o endereço de correio eletrónico registado.

Testar a velocidade do sítio Web

É importante testar regularmente a velocidade de descarregamento do seu sítio. Especialmente se tiver adicionado uma nova funcionalidade. Os cibernautas têm um tempo de atenção muito curto. Se o seu sítio for lento a carregar, eles não vão ficar à espera. Tem de fazer tudo o que estiver ao seu alcance para melhorar a velocidade de carregamento do seu sítio ou blogue, de modo a que os visitantes permaneçam para ler o seu conteúdo e, com sorte, lhe forneçam ligações orgânicas de entrada, divulgando o seu sítio maravilhoso.

Verificação da ligação

As hiperligações quebram-se com o tempo. Com as alterações no sítio e se referiu alguém num dos seus artigos ou noutro local do sítio, as ligações podem ter mudado ou estar quebradas.

A tarefa de encontrar ligações quebradas não é muito difícil. Basta utilizar um verificador de ligações para testar as suas ligações externas e internas pelo menos uma vez por mês.

Actualizações de software

O software de terceiros, como o seu software de comércio eletrónico, o WordPress e o Joomla, por exemplo, estão sempre a atualizar o seu software. É necessário manter-se a par destas actualizações e instalá-las assim que forem lançadas. As actualizações não se limitam a novas funcionalidades, incluem também actualizações de segurança.

Analisar as suas estatísticas

Analise não só as suas estatísticas de vendas, mas também as estatísticas do seu sítio Web.

Estatísticas de tráfego

Consulte as estatísticas do seu servidor Web para determinar o tráfego do seu Web site. Se a sua conta de alojamento Web não tiver estatísticas do sítio Web, instale uma. Algo como o Awstats que fornece:

- Páginas introduzidas e deixadas activas
- Tempo passado no sítio
- Taxa de rejeição
- Sítios de referência
- Países de origem dos seus visitantes
- Palavras-chave/frases que foram utilizadas para o encontrar

O Google Analytics fornecerá algumas destas informações. Pode não ser tão completo como um programa de estatísticas do sítio Web executado a partir do seu servidor real.

Uma coisa que um programa de estatísticas de sites instalado no seu servidor fará que o Google Analytics não faz é mostrar-lhe quem está a fazer hotlinking (ligar diretamente às suas imagens no seu site). por exemplo, as suas imagens, PDFs, relatórios, etc. Estas pessoas estão a roubar o seu conteúdo e a sua largura de banda se não tiverem a sua autorização para o fazer. Com esta informação, pode parar o hotlink.

Resultados do motor de busca

Está a aparecer na primeira página para as palavras-chave/frase que pretende? Se demorou algum tempo, por exemplo, alguns meses, a aparecer naturalmente na primeira página dos resultados de pesquisa, talvez seja altura de analisar o seu conteúdo e revê-lo.

Gestão da reputação

Utilizando os Alertas do Google, pode monitorizar o nome do seu sítio Web, o seu nome, a sua marca e o seu conteúdo na Web.

Saberá quem está a falar de si. Isto dá-lhe a oportunidade de entrar na conversa. Agradeça àqueles que o estão a elogiar. Resolva um problema que esteja a ser discutido relacionado com a sua empresa.

O rastreio do endereço do seu sítio Web com os Alertas do Google tem duas vertentes.

1. Vê quem tem links para si e pode ir lá agradecer.

2. Pode apanhar a utilização do seu conteúdo sem a sua autorização.

REFERÊNCIAS

1. Web Design The complete Reference, Thomas Powell, Tata McGrawHill
2. HTML e XHTML A referência completa, Thomas Powell, Tata McGrawHill
3. JavaScript 2.0 : A Referência Completa, Segunda Edição por Thomas Powell e Fritz Schneider
4. PHP: A Referência Completa Por Steven Holzner, Tata McGrawHill
5. www.w3schools.com
6. www.github.com
7. www.w3professors.com
8. XML: Um Guia para Principiantes por Steven Holzner
9. AJAX para principiantes , Ivan Bayross e Sharanam Shah, SPD
10. Desenvolvimento Web com jQuery (WROX) por Richard York
11. Aprender PHP, MySQL e JavaScript com j Query, CSS e HTML5 - por Robin Nixon, SPD

CAPÍTULO 4

INTRODUÇÃO AO J.SCRIPT E REFERÊNCIA DO LADO DO CLIENTE

Estrutura da unidade
Introdução ao Javascript
História do Javascript
Ferramentas necessárias
Um programa JavaScript simples
Referência do lado do cliente (de Javascript)
Controlar o aspeto e o conteúdo dos documentos
Controlar o Browser
Interagir com formulários HTML
Interagir com o utilizador
Ler e escrever o estado do cliente com cookies
Ainda mais caraterísticas
O que o JavaScript não pode fazer
Resumo
Referências

INTRODUÇÃO AO JAVASCRIPT

O JavaScript é uma linguagem de scripting do lado do cliente muito poderosa. O JavaScript é utilizado principalmente para melhorar a interação de um utilizador com a página Web. Por outras palavras, pode tornar a sua página Web mais animada e interactiva com a ajuda do JavaScript. O JavaScript também está a ser amplamente utilizado no desenvolvimento de jogos e de aplicações móveis.

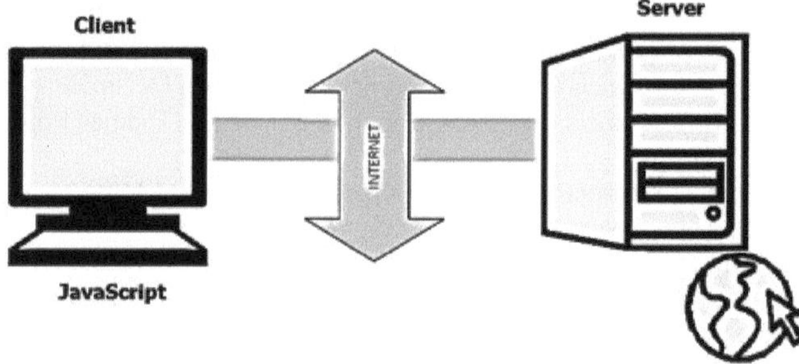

Figura 4.1- JaveScript e a WorldWideWeb
História do Javascript

O JavaScript foi desenvolvido por Brendan Eich em 1995 e apareceu no Netscape, um navegador popular na altura.

Inicialmente, a linguagem chamava-se LiveScript e, mais tarde, passou a chamar-se JavaScript. Há muitos programadores que pensam que JavaScript e Java são a mesma coisa. De facto, o JavaScript e o Java não estão relacionados. Java é uma linguagem de programação muito complexa, enquanto o JavaScript é apenas uma linguagem de script. A sintaxe do JavaScript é influenciada principalmente pela linguagem de programação C.

Como executar o JavaScript?

Sendo uma linguagem de script, o JavaScript não pode ser executado por si só. De facto, o browser é responsável pela execução do código JavaScript. Quando um utilizador solicita uma página HTML com JavaScript, o script é enviado para o browser e cabe a este executá-lo. A principal vantagem do JavaScript é que todos os browsers modernos suportam JavaScript. Assim, não tem de se preocupar se o visitante do seu sítio utiliza o Internet Explorer, o Google Chrome, o Firefox ou qualquer outro navegador. O JavaScript será suportado. Além disso, o JavaScript funciona em qualquer sistema operativo, incluindo Windows, Linux ou Mac. Assim, o JavaScript supera as principais desvantagens do VBScript (agora obsoleto), que está limitado apenas ao IE e ao Windows.

Ferramentas necessárias

Para começar, precisa de um editor de texto para escrever o seu código e de um navegador para visualizar as páginas Web que desenvolve. Pode utilizar um editor de texto à sua escolha, incluindo o Notepad++, o Visual Studio Code, o Sublime Text, o Atom ou qualquer outro editor de texto com que se sinta confortável. Pode utilizar qualquer navegador Web, incluindo o Google Chrome, o Firefox, o Microsoft Edge, o Internet Explorer, etc.

Um programa JavaScript simples

Você deve colocar todo o seu código JavaScript dentro das tags <script> (<script> e </script>) se estiver mantendo seu código JavaScript dentro do próprio documento HTML. Isso ajuda o navegador a distinguir o código JavaScript do restante do código. Como existem outras linguagens de script do lado do cliente (exemplo: VBScript), é altamente recomendável que você especifique a linguagem de script utilizada. É necessário usar o atributo type dentro da tag <script> e definir seu valor como text/javascript, assim:

```
<script type="text/javascript">
```

Exemplo de Hello World:

```
<html>
<head>
<title>Meu primeiro código JavaScript!!!</title>
<script type="text/javascript">
alert("Hello World!");
</script>
</head>
<body>
</body>
</html>
```

O que pode fazer o JavaScript no navegador?

O JavaScript moderno é uma linguagem de programação "segura". Não fornece acesso de baixo nível à memória ou à CPU, porque foi inicialmente criada para browsers que não o requerem.

As capacidades do Javascript dependem muito do ambiente em que está a ser executado. Por exemplo, o Node.JS suporta funções que permitem ao JavaScript ler/escrever ficheiros arbitrários, efetuar pedidos de rede, etc.

O JavaScript no navegador pode fazer tudo o que estiver relacionado com a manipulação da página Web, a interação com o utilizador e o servidor Web.

Por exemplo, o JavaScript no navegador é capaz de:

J Adicionar novo HTML à página, alterar o conteúdo existente, modificar estilos.

J Reagir às acções do utilizador, executar cliques no rato, movimentos do ponteiro, premir teclas.

J Enviar pedidos através da rede para servidores remotos, descarregar e carregar ficheiros (as chamadas tecnologias AJAX e COMET).

J Obter e definir cookies, fazer perguntas ao visitante, mostrar mensagens.

J Recorde os dados no lado do cliente ("armazenamento local").

J O que é que o JavaScript no browser não pode fazer?

J As capacidades do JavaScript no browser são limitadas por razões de segurança do utilizador. O objetivo é impedir que uma página Web maligna aceda a informações privadas ou danifique os dados do utilizador.

Exemplos de tais restrições incluem:

J O JavaScript numa página Web não pode ler/escrever ficheiros arbitrários no disco rígido, copiá-los ou executar programas. Não tem acesso direto às funções do sistema operativo.

J Os navegadores modernos permitem-lhe trabalhar com ficheiros, mas o acesso é limitado e só é fornecido se o utilizador realizar determinadas acções, como "largar" um ficheiro numa janela do navegador ou seleccioná-lo através de uma etiqueta <input>.

J Existem formas de interagir com a câmara/microfone e outros dispositivos, mas requerem a autorização explícita do utilizador. Assim, uma página com JavaScript não pode ativar sorrateiramente uma câmara Web, observar o ambiente e enviar a informação para a NSA.

J Geralmente, os diferentes separadores/janelas não sabem uns dos outros. Por vezes, sim, por exemplo, quando uma janela utiliza JavaScript para abrir a outra. Mas mesmo neste caso, o JavaScript de uma página pode não aceder à outra se forem provenientes de sítios diferentes (de um domínio, protocolo ou porta diferentes).

J A isto chama-se "Política da mesma origem". Para contornar esta situação, ambas as páginas têm de conter um código JavaScript especial que trata da troca de dados.

J Esta limitação é, mais uma vez, para a segurança do utilizador. Uma página de http://anysite.com que um utilizador tenha aberto não deve poder aceder a outro separador do navegador com o URL http://gmail.com e roubar informações a partir daí.

J O JavaScript pode comunicar facilmente através da rede com o servidor de onde veio a página atual. Mas a sua capacidade de receber dados de outros sítios/domínios é limitada. Embora possível, requer um acordo explícito (expresso em cabeçalhos HTTP) do lado remoto. Mais uma vez, trata-se de uma limitação de segurança.

J Esses limites não existem se o JavaScript for utilizado fora do browser, por exemplo, num servidor. Os browsers modernos também permitem plugins/extensões que podem pedir permissões alargadas.

Línguas "sobre" JavaScript

J A sintaxe do JavaScript não satisfaz as necessidades de toda a gente. Pessoas diferentes querem caraterísticas diferentes.

J Isso é normal, porque os projectos e as necessidades são diferentes para cada um.

J Assim, recentemente, surgiu uma infinidade de novas linguagens, que são transpiladas (convertidas) para JavaScript antes de serem executadas no browser.

J As ferramentas modernas tornam a transpilação muito rápida e transparente, permitindo efetivamente que os programadores codifiquem noutra linguagem e a convertam automaticamente "debaixo do capô".

Exemplos de tais línguas:

J O CoffeeScript é um "açúcar sintático" para o JavaScript. Introduz uma sintaxe mais curta, permitindo-nos escrever código mais claro e preciso. Normalmente, os programadores de Ruby gostam dele.

O J TypeScript concentra-se na adição de "tipagem estrita de dados" para simplificar o desenvolvimento e o suporte de sistemas complexos. É desenvolvido pela Microsoft.

J Dart é uma linguagem autónoma que tem o seu próprio motor que é executado em ambientes que não são do navegador (como aplicações móveis). Foi inicialmente oferecida pelo Google como um substituto para o JavaScript, mas, a partir de agora, os navegadores exigem que ela seja transpilada para JavaScript, assim como as anteriores.

Há mais. Claro que, mesmo que utilizemos uma destas linguagens, também devemos saber JavaScript para compreender realmente o que estamos a fazer.

REFERÊNCIA DO LADO DO CLIENTE (de JavaScript)

JavaScript do lado do cliente (CSJS) -- uma versão alargada do JavaScript que permite o melhoramento e a manipulação de páginas Web e navegadores de clientes

Outra utilização possível do JavaScript é escrever programas para efetuar cálculos arbitrários. É possível escrever scripts simples, por exemplo, que calculem números de Fibonacci ou procurem números primos. No contexto da Web e dos navegadores Web, contudo, uma aplicação mais interessante da linguagem pode ser um programa que calcule o imposto sobre as vendas de uma encomenda online, com base nas informações fornecidas pelo utilizador num formulário HTML. Como mencionado anteriormente, o verdadeiro poder do JavaScript reside no browser e nos objectos baseados em documentos que a linguagem suporta. Para lhe dar uma ideia do potencial do JavaScript, as secções seguintes listam e explicam as capacidades importantes do JavaScript do lado do cliente e os objectos que suporta.

Controlar o aspeto e o conteúdo dos documentos

O objeto Document do JavaScript, através do seu método write( ), que já vimos, permite-lhe escrever HTML arbitrário num documento enquanto este está a ser analisado pelo browser. Por exemplo, é possível incluir a data e a hora actuais num documento ou apresentar conteúdos diferentes em plataformas diferentes.

Pode também utilizar o objeto Documento para gerar documentos inteiramente de raiz. As propriedades do objeto Document permitem-lhe especificar cores para o fundo do documento, o texto e as ligações de hipertexto dentro do mesmo. Isto equivale à capacidade de gerar documentos HTML dinâmicos e condicionais, uma técnica que funciona particularmente bem em documentos com várias molduras. De facto, em alguns casos, a geração dinâmica de conteúdo de moldura permite que um programa JavaScript substitua inteiramente um script tradicional do lado do servidor.

O Google Chrome e o Internet Explorer 5 suportam técnicas proprietárias para produzir efeitos HTML dinâmicos que permitem que o conteúdo do documento seja gerado, movido e alterado de forma dinâmica. O IE 4 também suporta um DOM completo que dá ao JavaScript acesso a todos os elementos HTML de um documento. E o IE 5.5 e o Netscape 6 suportam a norma W3C DOM (ou pelo menos partes importantes da mesma), que define uma forma padrão e portátil de aceder a todos os elementos e texto num documento HTML e de os posicionar e modificar o seu aspeto através da manipulação dos seus atributos de estilo CSS (Cascading Style Sheets). Nestes browsers, o JavaScript do lado do cliente tem poder total sobre o conteúdo do documento, o que abre um mundo ilimitado de possibilidades de scripting.

Controlar o Browser

Vários objectos JavaScript permitem controlar o comportamento do browser. O objeto Window suporta métodos para abrir caixas de diálogo para apresentar mensagens simples ao utilizador e obter dados simples do utilizador. Este objeto também define um método para criar e abrir (e fechar) janelas do browser totalmente novas, que podem ter qualquer tamanho especificado e qualquer combinação de controlos do utilizador. Isto permite-lhe, por exemplo, abrir várias janelas para dar ao utilizador várias vistas do seu sítio Web. As novas janelas do browser são também úteis para a apresentação temporária de HTML gerado e, quando criadas sem a barra de menus e outros controlos do utilizador, estas janelas podem servir como caixas de diálogo para mensagens mais complexas ou para a introdução de dados pelo utilizador.

O JavaScript não define métodos que permitam criar e manipular molduras diretamente numa janela do browser. No entanto, a capacidade de gerar HTML dinamicamente permite-lhe escrever programaticamente as etiquetas HTML que criam qualquer disposição de moldura desejada.

O JavaScript também permite controlar as páginas Web que são apresentadas no browser. O objeto Localização permite descarregar e apresentar o conteúdo de qualquer URL em qualquer janela ou moldura do browser. O objeto History permite avançar e recuar no histórico de navegação do utilizador, simulando a ação dos botões Forward e Back do browser.

Outro método do objeto Window permite ao JavaScript apresentar mensagens arbitrárias ao utilizador na linha de estado de qualquer janela do browser.

Interagir com formulários HTML

Outro aspeto importante do JavaScript do lado do cliente é a sua capacidade de interagir com formulários HTML. Esta capacidade é fornecida pelo objeto Form e pelos objectos de elementos de formulário que pode conter: Button, Checkbox, Hidden, Password, Radio, Reset, Select, Submit, Text e Textarea. Estes objectos de elemento permitem ler e escrever os valores dos elementos de entrada nos formulários de um documento. Por exemplo, um catálogo em linha pode utilizar um formulário HTML para permitir que o utilizador introduza a sua encomenda e pode utilizar o JavaScript para ler os dados introduzidos nesse formulário, a fim de calcular o custo da encomenda, o imposto sobre as vendas e a taxa de envio. Programas JavaScript como este são, de facto, muito comuns na Web. Veremos em breve um programa que usa um formulário HTML e JavaScript para permitir que o usuário calcule os pagamentos mensais de uma hipoteca de casa ou outro empréstimo. O JavaScript tem uma vantagem óbvia sobre os scripts baseados em servidor para aplicações como essas: O código JavaScript é executado no cliente, pelo que o conteúdo do formulário não tem de ser enviado para o servidor para que sejam efectuados cálculos relativamente simples.

Outra utilização comum do JavaScript do lado do cliente com formulários é a validação dos dados do formulário antes de serem submetidos. Se o JavaScript do lado do cliente for capaz de efetuar todas as verificações de erro necessárias da entrada de um utilizador, não é necessária uma viagem de ida e volta ao servidor para detetar e informar o utilizador de erros de entrada triviais. O JavaScript do lado do cliente também pode efetuar o pré-processamento dos dados de entrada, o que pode reduzir a quantidade de dados que têm de ser transmitidos ao servidor. Em alguns casos, o JavaScript do lado do cliente pode eliminar completamente a necessidade de scripts no servidor! (Por outro lado, o JavaScript e o scripting do lado do servidor funcionam bem juntos. Por exemplo, um programa do lado do servidor pode criar dinamicamente código JavaScript em tempo real, da mesma forma que cria dinamicamente HTML).

Interagir com o utilizador

Uma caraterística importante do JavaScript é a capacidade de definir manipuladores de eventos - partes arbitrárias de código a serem executadas quando um determinado evento ocorre. Normalmente, estes eventos são iniciados pelo utilizador, quando, por exemplo, move o rato sobre uma ligação de hipertexto, introduz um valor num formulário ou clica no botão Submeter de um formulário. Esta capacidade de tratamento de eventos é crucial, porque a programação com interfaces gráficas, como formulários HTML, exige inerentemente um modelo orientado por eventos. O JavaScript pode desencadear qualquer tipo de ação em resposta a eventos do utilizador. Exemplos típicos podem ser a apresentação de uma mensagem especial na linha de estado quando o utilizador posiciona o rato sobre uma ligação de hipertexto ou a abertura de uma caixa de diálogo de confirmação quando o utilizador submete um formulário importante.

Ler e escrever o estado do cliente com cookies

Um cookie é uma pequena quantidade de dados de estado armazenados permanente ou temporariamente pelo cliente. Os cookies podem ser transmitidos juntamente com uma página Web pelo servidor para o cliente, que os armazena localmente. Quando o cliente solicita mais tarde a mesma página Web ou uma página Web relacionada, transmite os cookies relevantes de volta ao servidor, que pode utilizar os seus valores para alterar o conteúdo que envia de volta ao cliente. Os cookies permitem que uma página Web ou um sítio Web se lembre de coisas sobre o cliente - por exemplo, que o utilizador já visitou o sítio anteriormente, que já se registou e obteve uma palavra-passe ou que expressou uma preferência sobre a cor e a disposição das páginas Web. Os cookies ajudam-no a fornecer as informações de estado que estão em falta no protocolo HTTP sem estado da Web.

Quando os cookies foram inventados, destinavam-se a ser utilizados exclusivamente por scripts do lado do servidor; embora armazenados no cliente, só podiam ser lidos ou escritos pelo servidor. O JavaScript alterou esta situação, porque os programas JavaScript podem ler e escrever valores de cookies e podem gerar dinamicamente conteúdo de documentos com base no valor dos cookies.

Ainda mais caraterísticas

Para além das funcionalidades que já referi, o JavaScript tem muitas outras capacidades, incluindo as seguintes:

O JavaScript pode alterar a imagem exibida por uma tag <img> para produzir efeitos de rolagem e animação de imagem.

O JavaScript pode interagir com applets Java e outros objectos incorporados que aparecem no browser. O código JavaScript pode ler e escrever as propriedades destes applets e objectos e pode também invocar quaisquer métodos que estes definam. Esta funcionalidade permite verdadeiramente que o JavaScript faça scripts de Java.

Como mencionado no início desta secção, o JavaScript pode efetuar cálculos arbitrários. O JavaScript tem um tipo de dados de vírgula flutuante, operadores aritméticos que funcionam com ele e um complemento completo de funções matemáticas de vírgula flutuante padrão.

O objeto JavaScript Date simplifica o processo de cálculo e de trabalho com datas e horas.

O objeto Document suporta uma propriedade que especifica a data da última modificação do documento atual. Pode utilizá-la para apresentar automaticamente um carimbo de data/hora em qualquer documento.

O JavaScript tem um método window.setTimeout( ) que permite que um bloco de código JavaScript arbitrário seja executado num determinado número de milissegundos no futuro. Isso é útil para criar atrasos ou ações repetitivas em um programa JavaScript. No JavaScript 1.2, setTimeout( ) é aumentado por outro método útil chamado setInterval( ) .

O objeto Navigator (com o nome do browser da Netscape, claro) tem variáveis que especificam o nome e a versão do browser que está a ser executado, bem como variáveis que identificam a plataforma em que está a ser executado. Estas variáveis permitem que os scripts personalizem o seu comportamento com base no browser ou na plataforma, para que possam tirar partido de capacidades extra suportadas por algumas versões ou contornar erros que existem em algumas plataformas.

No JavaScript 1.2 do lado do cliente, o objeto Screen fornece informações sobre o tamanho e a profundidade de cor do monitor em que o navegador Web está a ser apresentado.

A partir do JavaScript 1.1, o método scroll( ) do objeto Window permite que os programas JavaScript rolem as janelas nas dimensões X e Y. No JavaScript 1.2, esse método é aumentado por uma série de outros que permitem que as janelas do navegador sejam movidas e redimensionadas.

O que o JavaScript não pode fazer

O JavaScript do lado do cliente tem uma lista impressionante de recursos. Observe, no entanto, que elas estão confinadas a tarefas relacionadas a navegadores e documentos. Uma vez que o JavaScript do lado do cliente é utilizado num contexto limitado, não possui funcionalidades que seriam necessárias para linguagens autónomas:

O JavaScript não tem quaisquer capacidades gráficas, exceto a poderosa capacidade de gerar dinamicamente HTML (incluindo imagens, tabelas, molduras, formulários, tipos de letra, etc.) para o browser apresentar.

Por motivos de segurança, o JavaScript do lado do cliente não permite a leitura ou escrita de ficheiros. Obviamente, não quer permitir que um programa não confiável de qualquer site aleatório seja executado no seu computador e reorganize os seus ficheiros!

O JavaScript não suporta qualquer tipo de rede, exceto que pode fazer com que o browser descarregue URLs arbitrários e pode enviar o conteúdo de formulários HTML através da rede para scripts do lado do servidor e endereços de correio eletrónico.

RESUMO

O JavaScript foi inicialmente criado como uma linguagem apenas para navegadores, mas agora também é utilizado em muitos outros ambientes.

Atualmente, o JavaScript ocupa uma posição única como a linguagem de browser mais amplamente adoptada, com total integração com HTML/CSS.

Há muitas linguagens que são "transpostas" para o JavaScript e fornecem determinadas funcionalidades. Recomenda-se que as examine, pelo menos brevemente, depois de dominar o JavaScript.

REFERÊNCIAS

1.   Web Design The complete Reference, Thomas Powell, Tata McGrawHill
2.   HTML e XHTML A referência completa, Thomas Powell, Tata McGrawHill
3.   JavaScript 2.0 : A Referência Completa, Segunda Edição por Thomas Powell e Fritz Schneider
4.   PHP : A Referência Completa Por Steven Holzner, Tata McGrawHill
5.   www.w3schools.com
6.   www.github.com
7.   www.w3professors.com
8.   XML: Um Guia para Principiantes por Steven Holzner
9.   AJAX para principiantes , Ivan Bayross e Sharanam Shah, SPD
10.   Desenvolvimento Web com jQuery (WROX) por Richard York
11.   Aprender PHP, MySQL e JavaScript com j Query, CSS e HTML5 - por Robin Nixon, SPD

CAPÍTULO 5

INTRODUÇÃO AO XML

Estrutura da unidade
INTRODUÇÃO
A principal diferença entre XML e HTML
A XML é extensível
A XML é um complemento da HTML
XML no futuro desenvolvimento Web
O que é a XML?
EXEMPLO DE XML
XML bem formado (XML válido)
Escapar caracteres de controlo
Apoio internacional
Lendo dados XML programaticamente
DOM (Modelo de Objeto de Documento)
SAX (API simples para XML)
Ligação de dados XML
Esquemas XML
Sintaxe XML
XML válido
Analisador XML
XHTML
Referências

INTRODUÇÃO

≠ XML significa Extensible Markup Language (Linguagem de Marcação Extensível)

≠ XML é uma linguagem de marcação muito semelhante ao HTML.

≠ A XML foi concebida para descrever dados.

≠ As etiquetas XML não estão predefinidas em XML. Tem de definir as suas próprias etiquetas.

≠ A XML é autodescritiva.

≠ A XML utiliza uma DTD (Definição do Tipo de Documento) para descrever formalmente os dados.

A principal diferença entre XML e HTML

A XML não é um substituto da HTML. A XML e a HTML foram concebidas com objectivos diferentes:

A XML foi concebida para descrever dados e centrar-se no que os dados são. O HTML foi concebido para apresentar dados e para se concentrar no seu aspeto.

O HTML tem a ver com a apresentação de informações, o XML tem a ver com a descrição de informações.

A XML é extensível

As etiquetas utilizadas para marcar os documentos HTML e a estrutura dos documentos HTML são predefinidas. O autor de documentos HTML só pode utilizar as etiquetas definidas na norma HTML.

A XML permite que o autor defina as suas próprias etiquetas e a sua própria estrutura de documento.

A XML é um complemento da HTML

É importante compreender que a XML não é um substituto da HTML. No futuro desenvolvimento da Web, é muito provável que a XML seja utilizada para estruturar e descrever os dados da Web, enquanto a HTML será utilizada para formatar e apresentar os mesmos dados.

XML no futuro desenvolvimento Web

Temos vindo a participar no desenvolvimento da XML desde a sua criação. Tem sido espantoso ver a rapidez com que a norma XML foi desenvolvida e a rapidez com que um grande número de fornecedores de software adoptou a norma.

Acreditamos firmemente que a XML será tão importante para o futuro da Web como o HTML tem sido para a fundação da Web. A XML é o futuro de toda a transmissão e manipulação de dados na Web.

O que é a XML?

A XML é um mecanismo de uso geral para a descrição de dados hierárquicos. Os itens de dados estão contidos em elementos e atributos. Os elementos podem conter dados textuais, atributos e outros elementos; os atributos podem conter apenas dados textuais.

Sempre que é necessário armazenar dados complexos, quer seja para passar entre sistemas ou para armazenar num ficheiro, os dados têm de ser marcados de alguma forma. Quando são lidos de novo, tem de ser possível dizer onde termina um registo e começa outro, e que registo está contido noutro. Foi esta lacuna que a XML preencheu.

Sempre que é necessário armazenar dados complexos, quer seja para passar entre sistemas ou para armazenar num ficheiro, os dados têm de ser marcados de alguma forma. Quando são lidos de novo, tem de ser possível saber onde termina um registo e começa outro, e que registo está contido noutro. Foi esta lacuna que a XML preencheu.

Antes da XML, os programadores produziam os seus próprios formatos proprietários para armazenar dados, com diferentes níveis de sucesso. Não é difícil conceber o seu próprio sistema para representar dados, mas também teria de escrever o seu próprio analisador e serializador personalizado, o que pode ser uma tarefa complexa e propensa a erros. A XML fornece um mecanismo geral para marcar e representar dados. Como a XML é atualmente uma norma muito difundida, estão disponíveis várias outras ferramentas e tecnologias na maioria das plataformas. A utilização de XML permitir-lhe-á tirar partido de muitas outras tecnologias que utilizam XML, como XPATH, DTD, XSLT, XSD, XQUERY e XML Data Binding.

Uma das queixas em relação à XML é o facto de ser prolixa e consumir demasiado espaço.

EXEMPLO DE XML

```
<?xml version="1.0" encoding="UTF-8" ?>
<book isbn="0123-456-789">
<title>O Leão, a Feiticeira e o Guarda-Roupa</title>
</book>
```

No exemplo, "book" e "title" são elementos e "isbn" é um atributo. A primeira linha é o cabeçalho XML que define a codificação de caracteres.

XML bem formado (XML válido)

Bem formado significa que todas as etiquetas coincidem. No exemplo acima, abrimos um elemento "book" na linha 1 e fechámo-lo na linha 3. Sem a linha 3, o elemento "book" não está fechado e, portanto, o documento não está bem formado. Além disso, um atributo deve ter uma aspa de fecho (note que a norma permite a utilização de aspas simples ou duplas nos atributos, desde que sejam iguais no início e no fim do atributo, ou seja, isbn="   " ou isbn=' ' mas

não isbn=   "

Escapar caracteres de controlo

Se os dados textuais dentro de um elemento tiverem de conter um carácter < ou >, este deve ser escapado para evitar que seja confundido com um marcador de elemento. Isto é feito substituindo-o pelo literal < ou >, respetivamente. Isto introduz um problema quando se tenta usar o carácter &, pelo que este é escapado usando o literal &. Da mesma forma, em um atributo, o caractere " deve ser substituído por " e ' por '

& (& ou "e comercial")

< (< ou "menos de")

> (> ou "maior que")

' (' ou "apóstrofo")

" (" ou "aspas")

Apoio internacional

A primeira linha de um esquema XML é o cabeçalho XML. Este tem um campo opcional "encoding" que descreve como o resto do documento deve ser interpretado (ou seja, como mapear os dados do ficheiro em caracteres). Os formatos padrão ao lidar com caracteres internacionais são utf-8 e utf-16, a codificação de caracteres é um tópico totalmente separado, mas se você estiver usando um editor XML (como o Liquid Studio, então tudo isso é tratado automaticamente).

Lendo dados XML programaticamente

DOM (Modelo de Objeto de Documento)

Um analisador DOM é um analisador XML que lê dados XML e os armazena num conjunto de objectos, podendo estes objectos ser examinados e os dados extraídos dos mesmos. A estrutura dos objectos DOM é normalizada pelo W3C, pelo que o código de leitura de XML é mais ou menos normalizado em várias plataformas.

Uma das desvantagens de um analisador DOM é que todo o documento XML tem de ser lido na sua forma de objeto (e, portanto, na memória do sistema), o que significa que não é possível lidar com ficheiros XML muito grandes.

Os analisadores DOM existem para todas as principais plataformas e linguagens, e são normalmente integrados na estrutura principal das plataformas.

SAX (API simples para XML)

Um analisador SAX é um leitor XML mais primitivo. Por cada entidade que lê nos dados XML, dispara um evento (ou chamada de retorno) que a aplicação consumidora deve tratar ou ignorar. Esta interface básica permite lidar com ficheiros XML arbitrariamente grandes, uma vez que a aplicação consumidora só precisa de armazenar o seu estado atual, descartando a informação que já foi lida, quando já não é necessária. No entanto, complica o tratamento dos dados, uma vez que a aplicação tem de manter o registo do seu estado (ou seja, a posição no documento XML).

Normalmente, esta técnica é combinada com um analisador DOM. A aplicação mantém-se a par da sua posição no XML até encontrar um pedaço de dados que precisa de tratar, constrói então uma árvore DOM baseada numa pequena secção de todo o documento XML, processa a árvore DOM e rejeita-a antes de prosseguir.

Ligação de dados XML

O XML Data Binding é semelhante ao mecanismo DOM. O documento XML é lido para um conjunto de objectos, mas em vez de ser lido para um conjunto de objectos DOM de uso geral, é lido para um conjunto de classes geradas especificamente para lidar com o tipo de documento XML que está a ser lido. Estas classes são geradas utilizando um esquema XML que conhece a forma dos documentos XML válidos.

Este mecanismo torna muito mais fácil para os programadores trabalharem com dados XML, uma vez que estão a lidar com objectos fortemente tipados (ou seja, têm nomes e propriedades que reflectem os elementos e atributos nos dados XML).

Esta técnica também tem de ler todo o documento XML na memória (tal como acontece com o DOM), mas esta restrição pode ser contornada, ver Liquid XML Data Binding - lidar com ficheiros grandes.

Existem várias ferramentas para a ligação de dados XML. O Liquid Studio fornece uma solução que gera classes para C#, C++, Java, VB.Net e Visual Basic.

Esquemas XML

Um esquema XML especifica formalmente a estrutura de um documento XML. Este esquema tem várias utilizações:

Validação - O esquema XML pode ser utilizado para validar um documento XML, para garantir que contém todos os dados corretos nos locais corretos.

Interoperabilidade - Uma vez que a forma do documento XML é descrita formalmente, não há ambiguidade, o que significa que cada equipa que trabalha com um determinado esquema XML sabe qual deve ser o aspeto do documento XML resultante, não havendo especificações ambíguas a partir das quais trabalhar.

Geração de código - O esquema XML pode ser utilizado para gerar código que permitirá aos programadores ler e escrever dados XML utilizando classes fortemente tipadas. Isto significa que os programadores só têm de trabalhar com objectos simples com propriedades fortemente tipadas. Essa técnica é conhecida como XML Data Binding. O Liquid Studio fornece XML Data Binding para C#, C++, Java, VB.Net e Visual Basic.

Visualizações - É possível mostrar graficamente a estrutura de um esquema XML, facilitando a sua compreensão por parte dos programadores.

Documentação - Um esquema XML pode conter documentação, que pode ser gerada numa forma conveniente de leitura humana, ver XML Schema Standards Library.

Há uma série de mecanismos para descrever um esquema XML.

DTD (Document Type Definition) - a norma original, definida no âmbito da norma XML do W3C. Atualmente, a norma DTD está praticamente obsoleta, tendo sido substituída pela norma XSD do W3C. As DTD têm o seu próprio formato, podem definir substituições internamente, exigindo múltiplas análises para extrair o documento normalizado. Eram também bastante limitadas, permitindo a validação de cursos e uma reutilização mínima.

XDR (XML-Data Reduced) - uma norma desenvolvida pela Microsoft que colmatava a lacuna entre os esquemas DTD e XSD. Foi implementado um analisador no MSXML até à versão 6, altura em que foi abandonado. Foi também utilizado para descrever dados em versões mais antigas do Biz Talk. O documento era descrito em termos de XML e era muito simplista, oferecendo um mínimo de validação ou reutilização, mas era simples de analisar e extensível.

XSD (XML Schema Definition) - ratificado pelo W3C, é agora o mecanismo de facto para descrever documentos XML. Permite uma validação complexa, a reutilização através da herança e da criação de tipos, é descrito em termos de XML, pelo que é fácil de analisar e tem suporte na maioria das plataformas. Quase todas as principais normas de dados são atualmente descritas em termos de XSDs.

RELAX NG (REgular LAnguage for XML Next Generation) - O RELAX NG tem uma estrutura relativamente simples e partilha muitas caraterísticas com a norma XSD do W3C: tipagem de dados, suporte de expressões regulares, suporte de espaços de nomes, capacidade de referenciar definições complexas. Existem analisadores de código aberto na maioria das plataformas, mas não é muito utilizado.

SINTAXE XML

Para que a XML seja bem formada, deve obedecer às seguintes regras de sintaxe.

J O XML é sensível a maiúsculas e minúsculas, pelo que os nomes das etiquetas de início e fim devem corresponder exatamente.

J Por exemplo, as seguintes etiquetas de início e fim têm uma incompatibilidade no caso

J e, portanto, não são bem formados,

<CARROS>

</Carros>

O nome da etiqueta final tem de ter todas as letras maiúsculas, ou seja, </CARS>, para que corresponda à etiqueta inicial.

J Não são permitidos espaços entre o < e o nome da etiqueta.

J Os nomes das etiquetas devem começar por um carácter alfabético e conter apenas caracteres alfanuméricos.

J Um elemento deve ter uma etiqueta de abertura e de fecho, exceto se estiver vazio.

J Um elemento vazio que não tenha uma etiqueta de fecho deve ser do tipo

Formulário J < . . . / >. Por exemplo, <nan/>.

As etiquetas J devem ser encaixadas corretamente. Ou seja, quando um elemento contém outro

J, as etiquetas de início e fim do elemento interior devem ser

J entre as etiquetas de início e fim do elemento pai. Por exemplo, <CARROS>

<CYL> 6 </CYL>

</CARROS>

J Aqui a etiqueta CYL está aninhada dentro da etiqueta CARS. Note-se que a utilização de indentação facilita a visualização do aninhamento.

J Todos os valores de atributos devem aparecer entre aspas num formato name = "value".

<dim size="2"/>. Este exemplo mostra uma etiqueta vazia com um atributo de tamanho "2".

J Os caracteres de marcação isolados não são permitidos no texto. No entanto, eles podem ser especificados através de referências de entidades. Por exemplo, o < é especificado pela referência de entidade < e o símbolo > é >.

J Para além das etiquetas de elementos, a XML tem marcação para comentários, que são informações não mostradas ao utilizador; instruções de processamento, que são semelhantes ao código destinado ao processador; e dados de caracteres que não devem ser processados, mas simplesmente passados diretamente ao utilizador. Os comentários devem aparecer entre <!-- e -- >.

Por exemplo,

<!-- Este é um comentário tão longo que aparece em três linhas do

antes de terminar com dois - seguidos de >. -->

J É possível incluir num documento dados de carácter que não são processados, pelo que o > é ignorado. Os dados de carácter devem aparecer entre

<![CDATA[e]]>.

<![CDATA[Trata-se de dados de caracteres que podem conter qualquer carácter especial, como < ou > ou &, e não têm de se preocupar com o facto de serem interpretados como um carácter especial pelo processador.]]>

J Por último, as instruções de processamento devem aparecer entre <? e ?>. Por exemplo, um documento XML deve começar com a instrução de processamento que o identifica como um documento xml e fornece o número da versão XML como um atributo,

<?xml version = "1.0" ?>

XML VÁLIDO

As regras fornecidas na secção anterior são apenas regras de sintaxe para garantir que um documento XML está bem formado. Mas, normalmente, queremos ter documentos que sejam mais do que bem formados; queremos incluir uma estrutura específica da aplicação na marcação. Por exemplo, com dados geográficos, podemos querer etiquetas para localizações, coordenadas x e y, nomes de cidades, etc. As etiquetas para estas entidades são especificadas através de um conjunto de Definições de Tipo de Documento (DTD) ou esquema. Com uma DTD podemos: fornecer o nome de um elemento válido; limitar o conteúdo de um elemento a dados de caracteres, a outros elementos específicos ou a estar vazio; e especificar os atributos que são necessários ou permitidos na etiqueta.

A XML bem formada obedece às regras de sintaxe XML descritas na secção anterior, mas a XML válida, para além de ser bem formada, obedece a uma DTD especificada. A DTD pode aparecer no próprio documento ou ser fornecida por referência,

```
<!DOCTYPE dataset SYSTEM "../DataSetByRecord.dtd">
```

Aqui especificamos uma DTD a utilizar através de uma declaração de tipo de documento. O conjunto de dados fornece o nome do elemento raiz ao qual a DTD será aplicada no processo de verificação. Por vezes, podemos querer utilizar mais do que uma DTD. Podemos fazer isso através de espaços de nomes. Ou seja, cada DTD recebe um nome e o nome da DTD é acrescentado aos nomes das etiquetas e nomes dos atributos apropriados. Por exemplo, o elemento objeto abaixo lista três espaços de nomes, r, c, e bioc, e os URLs onde as respectivas DTDs podem ser encontradas.

```
<objeto xmlns:r="http://www.r-project.org"
xmlns:c="http://www.c.org"
xmlns:bioc="http://www.bioconductor.org" type="R-pop-environment" hidden="true">
```

Especificamos o espaço de nomes que uma etiqueta utiliza no elemento de objeto da seguinte forma:

```
<r:código>
x <- rep(23, 2)
</r:código>
<c:código>
x+
</c:código>
```

XML PARSER

Um analisador tem a tarefa de ler o XML, verificar se existem erros e passá-lo para a aplicação pretendida. Se não for fornecida uma DTD ou um esquema, o analisador limita-se a verificar se o XML está bem formado. Se for fornecida uma DTD, o analisador também determina se o XML é válido, ou seja, se as etiquetas, os atributos e o conteúdo cumprem as especificações encontradas na DTD, antes de o passar à aplicação. Os modelos de análise de XML são descritos com mais pormenor nas secções ??

XHTML

Alguns leitores terão pensado em HTML quando mencionámos a marcação e a meta-informação. Afinal, qual é a diferença entre HTML e XML? Podemos acrescentar meta-informação aos documentos HTML utilizando a etiqueta META, mas não é exatamente isso que queremos dizer com meta-informação. Um pouco de reflexão e familiaridade com o HTML levar-nos-á rapidamente a problemas. O HTML tem um conjunto fixo de elementos de marcação, por exemplo, H1, H2, a, img, B e assim por diante. Nem sequer tem uma marcação NUMBER ou REAL para representar números reais.

Esperemos que seja evidente nesta altura que um papel importante da XML é separar a informação (conteúdo) da estrutura e do formato. A marcação fornece a estrutura do conteúdo e o formato determina a forma como o conteúdo deve ser apresentado para visualização pelo utilizador. Como exemplo simples, um conjunto de números que corresponde às milhas por galão de várias marcas de automóveis pode ser fornecido através de XML da seguinte forma

```
<array name="MPG" size="7" type="numeric"> <e>21.0</e> <e>21.0</e> <e>22.8</e>
<e>21.4</e> <e>18.7</e> <e>18.1</e> <e>14.3</e>
</array>
```

O conteúdo é constituído pelo conjunto de valores 21.0, 21.0, 22.8, 21.4, 18.7, 18.1 e 14.3. A estrutura fornecida através da marcação diz-nos que o conteúdo forma uma matriz de números de comprimento 7, e a matriz tem o nome MPG. O HTML não faz a mesma divisão entre conteúdo, estrutura e formato. Muitas etiquetas descrevem como formatar o conteúdo, mas não fornecem qualquer informação sobre o tipo de conteúdo. Por exemplo, as etiquetas HTML B para negrito, br para quebra de linha e hr para regra horizontal são todas instruções para a apresentação visual do conteúdo. O HTML foi alargado ao XHTML, exigindo que todas as etiquetas sejam minúsculas, que todos os elementos sejam devidamente fechados com etiquetas de fim de linha e que os valores dos atributos apareçam entre aspas. Embora estas regras signifiquem que podemos exigir que os documentos XHTML sejam bem formados e válidos, o XHTML não está à altura de descrever estruturas complexas, como factores, estruturas de dados, objectos S, etc. É evidente que o XHTML é deficiente neste aspeto. Com a XML, podemos definir uma marcação muito mais rica para aplicações específicas.

Para realçar a diferença entre formato e conteúdo, considere os números no exemplo acima: 21.0, 21.0, 22.8, 21.4, 18.7, 18.1 e 14.3. Podem ser representados como uma lista de texto, (21.0, 21.0, 22.8, 21.4, 18.7, 18.1, 14.3), como uma estatística resumida: 19.6, como um gráfico de caule e folhas,

```
14 | 3
16 |
18 | 17
20 | 004
22 | 8
```

ou num gráfico, como um histograma. A conversão do conteúdo num destes formatos ocorre quando o XML é processado para visualização. A eXtensible Stylesheet Language (XSL) contém instruções para a formatação do XML. (A XSL é, ela própria, um documento XML que fornece um modelo que descreve a forma de visualizar o documento). O documento XML juntamente com a folha de estilo XSL são processados por um processador XSLT para criar a apresentação de dados. O conteúdo permanece o mesmo que o mostrado no documento XML, mas com um processador o formato é alterado para a visualização de dados.

REFERÊNCIAS

1. Web Design The complete Reference, Thomas Powell, Tata McGrawHill
2. HTML e XHTML A referência completa, Thomas Powell, Tata McGrawHill
3. JavaScript 2.0 : A Referência Completa, Segunda Edição por Thomas Powell e Fritz Schneider
4. PHP: A Referência Completa Por Steven Holzner, Tata McGrawHill
5. www.w3schools.com
6. www.github.com
7. www.w3professors.com
8. XML: Um Guia para Principiantes por Steven Holzner
9. AJAX para principiantes , Ivan Bayross e Sharanam Shah, SPD
10. Desenvolvimento Web com jQuery (WROX) por Richard York
11. Aprender PHP, MySQL e JavaScript com j Query, CSS e HTML5 - por Robin Nixon, SPD

CAPÍTULO 6

INTRODUÇÃO AO AJAX E UTILIZAÇÃO DO AJAX E DO PHP

Estrutura da unidade
Introdução
Utilizar AJAX
PHP
Caraterísticas do PHP
Como instalar o PHP
Criar uma aplicação PHP AJAX
Resumo
Referências

INTRODUÇÃO

AJAX é o acrónimo de Asynchronous JavaScript & XML. Trata-se de uma tecnologia que reduz

as interações entre o servidor e o cliente. Para tal, actualiza apenas parte de uma página Web em vez de toda a página. As interações assíncronas são iniciadas por JavaScript.

O JavaScript é uma linguagem de scripting do lado do cliente. É executada no lado do cliente pelos navegadores Web que suportam JavaScript. O código JavaScript só funciona em navegadores que têm o JavaScript ativado.

XML é o acrónimo de Extensible Markup Language (Linguagem de Marcação Extensível). É utilizada para codificar mensagens em formatos legíveis tanto por humanos como por máquinas. É como o HTML, mas permite-lhe criar as suas próprias etiquetas personalizadas. Para mais pormenores sobre XML, consulte o artigo sobre XML

O AJAX baseia-se nas normas da Internet e utiliza uma combinação de :

J Objeto XMLHttpRequest (para trocar dados de forma assíncrona com um servidor)

J JavaScript/DOM (para apresentar/interagir com a informação)

J CSS (para estilizar os dados)

J XML (frequentemente utilizado como formato de transferência de dados)

Utilizar AJAX

Permite desenvolver aplicações Web interactivas e ricas, tal como as aplicações de secretária. A validação pode ser efectuada à medida que o utilizador preenche um formulário sem o submeter. Isto pode ser conseguido utilizando o preenchimento automático. As palavras que o utilizador escreve são enviadas para o servidor para processamento. O servidor responde com palavras-chave que correspondem ao que o utilizador introduziu. Pode ser utilizado para preencher uma caixa pendente em função do valor de outra caixa pendente. Os dados podem ser recuperados do servidor e apenas uma determinada parte de uma página pode ser actualizada sem carregar toda a página. Isto é muito útil para partes de páginas Web que carregam coisas como

J Tweets

J Comentários

J Utilizadores que visitam o sítio, etc.

PHP

J PHP significa HyperText Preprocessor (Pré-processador de hipertexto)

J O PHP é uma linguagem interpretada, ou seja, não necessita de compilação.

J PHP é uma linguagem de scripting do lado do servidor.

J O PHP é mais rápido do que outras linguagens de script, por exemplo, asp e jsp.

O PHP é uma linguagem de scripting de fonte aberta, interpretada e orientada para objectos, ou seja, executada no lado do servidor. É utilizada para desenvolver aplicações Web (uma aplicação executada no lado do servidor e que gera uma página dinâmica).

J PHP é uma linguagem de scripting do lado do servidor.

J O PHP é uma linguagem interpretada, ou seja, não necessita de compilação.

J O PHP é uma linguagem orientada para objectos.

J O PHP é uma linguagem de script de código aberto.

J O PHP é uma linguagem simples e fácil de aprender.

Caraterísticas do PHP

São muitas as caraterísticas do PHP.

J Desempenho: Os scripts escritos em PHP são executados muito mais rapidamente do que os scripts escritos noutras linguagens, como JSP e ASP.

J Software de código aberto: O código-fonte do PHP está disponível gratuitamente na Web, pelo que pode desenvolver todas as versões do PHP de acordo com as suas necessidades sem pagar qualquer custo.

J Independente de plataforma: O PHP está disponível para os sistemas operativos WINDOWS, MAC, LINUX e UNIX. Uma aplicação PHP desenvolvida num sistema operativo pode ser facilmente executada também noutros sistemas operativos.

J Compatibilidade: O PHP é compatível com quase todos os servidores locais utilizados atualmente, como o Apache, o IIS, etc.

J Incorporado: O código PHP pode ser facilmente incorporado em etiquetas HTML e scripts.

Como instalar o PHP

Para instalar o PHP, sugerimos-lhe que instale a pilha de software AMP (Apache, MySQL, PHP). Está disponível para todos os sistemas operativos. Existem muitas opções de AMP disponíveis no mercado que são apresentadas abaixo:

J WAMP para Windows

J LAMP para Linux

Ɉ MAMP para Mac

Ɉ SAMP para Solaris

Ɉ FAMP para FreeBSD

Ɉ XAMPP (Cross, Apache, MySQL, PHP, Perl) para plataformas cruzadas: Inclui também alguns outros componentes, tais como FileZilla, OpenSSL, Webalizer, OpenSSL, Mercury Mail, etc.

Se estiver no Windows e não quiser Perl e outras caraterísticas do XAMPP, deve optar pelo WAMP. De forma semelhante, pode utilizar o LAMP para Linux e o MAMP para Macintosh.

Exemplo

```
<!DOCTYPE>
<html>
<body>
<?php
echo "<h2>Bem-vindos a W3professors.com</h2>";
?>
</body>
</html>
```

Atualmente, o PHP é muito utilizado no desenvolvimento Web. Os sítios Web dinâmicos podem ser facilmente desenvolvidos com PHP. Mas é necessário ter conhecimentos básicos das seguintes tecnologias para o desenvolvimento Web.

Ɉ HTML

Ɉ CSS

Ɉ CALÇADO

Ɉ JavaScript

Ɉ AJAX

Ɉ XML e JSON

Ɉ JQuery

CRIAR UMA APLICAÇÃO PHP AJAX

Vamos criar uma aplicação simples que permite aos utilizadores procurar estruturas populares de PHP MVC. Nossa aplicação terá uma caixa de texto na qual os usuários digitarão os nomes dos frameworks. Em seguida, usaremos o mvc AJAX para procurar uma correspondência e exibir o nome completo do framework logo abaixo do formulário de pesquisa.

Passo 1) Criar a página de índice

Index.php

```
<html>
<head>
<title>Quadros PHP MVC - Motor de busca</title>
<script type="text/javascript" src="/auto_complete.js"></script>
</head>
<body>
<h2>QuadrosPHP MVC - Motor de busca</h2>
<p><b>Digite a primeira letra do PHP MVC Framework</b></p>
<form method="POST" action="index.php">
<p><input type="text" size="40" id="txtHint" onkeyup="showName(this.value)"></p>
</form>
<p>Correspondências: <span id="txtName"></span></p>
```

```
</body>
</html>
```

Aqui,

"onkeyup="showName(this.value)"" executa a função JavaScript showName sempre que uma tecla é digitada na caixa de texto.

Esta funcionalidade é designada por auto-completar

Passo 2) Criar a página de enquadramento

frameworks.php

```php
<?php
$frameworks = array("CodeIgniter", "Zend Framework", "Cake PHP", "Kohana") ;
$name = $_GET["name"];
se (strlen($name) > 0) {
$match = "";
for ($i = 0; $i < count($frameworks); $i++) {
se (strtolower($name) == strtolower(substr($frameworks[$i], 0, strlen($name)))) {
se ($match == "") {
$match = $frameworks[$i];
} else {
$match = $match . " , " . $frameworks[$i];
}
}
}
}
echo ($match == "") ? 'nenhuma correspondência encontrada' : $match;
?>
```

Passo 3) Criar o script JS

auto_complete.js

```
<script>
função showName(str){
if (str.length == 0){ //sair da função se nada tiver sido escrito na caixa de texto
document.getElementById("txtName").innerHTML=""; //limpar resultados anteriores
regresso;
}
if (window.XMLHttpRequest) {// código para IE7+, Firefox, Chrome, Opera, Safari
xmlhttp=new XMLHttpRequest();
} else {// código para IE6, IE5
xmlhttp=new ActiveXObject("Microsoft.XMLHTTP");
}
xmlhttp.onreadystatechange=function() {
se (xmlhttp.readyState == 4 && xmlhttp.status == 200){
document.getElementById("txtName").innerHTML=xmlhttp.responseText;
}
}
xmlhttp.open("GET", "frameworks.php?name="+str,true);
xmlhttp.send();
}
</script>
```

Aqui,

"if (str.length == 0)" verifica o comprimento da cadeia de caracteres. Se for 0, então o resto do script não é executado.

"if (window.XMLHttpRequest)..." As versões 5 e 6 do Internet Explorer utilizam ActiveXObject para a implementação de AJAX. Outras versões e browsers, como o Chrome e o FireFox, utilizam o XMLHttpRequest. Este código garantirá que a nossa aplicação funciona tanto no IE 5 e 6 como noutras versões superiores do IE e dos navegadores. "xmlhttp.onreadystatechange=function." verifica se a interação AJAX está concluída e o estado é 200 e, em seguida, actualiza o intervalo txtName com os resultados devolvidos.
Passo 4) Testar a nossa aplicação PHP Ajax
Partindo do princípio de que guardou o ficheiro index.php em phututs/ajax, navegue até ao URL http://localhost/phptuts/ajax/index.php

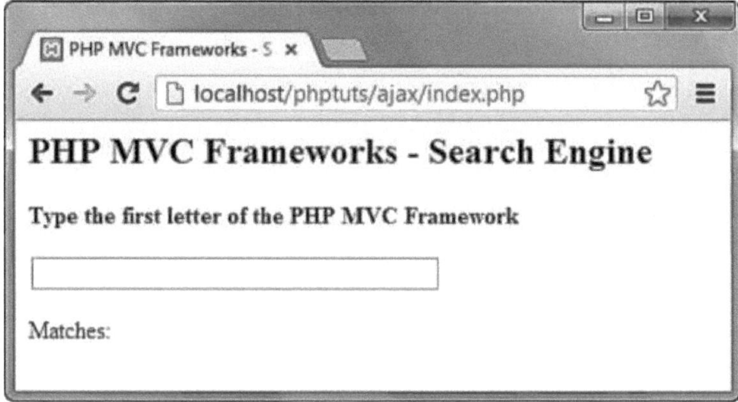

Figura 6.1

Escreva a letra C na caixa de texto Obterá os seguintes resultados.

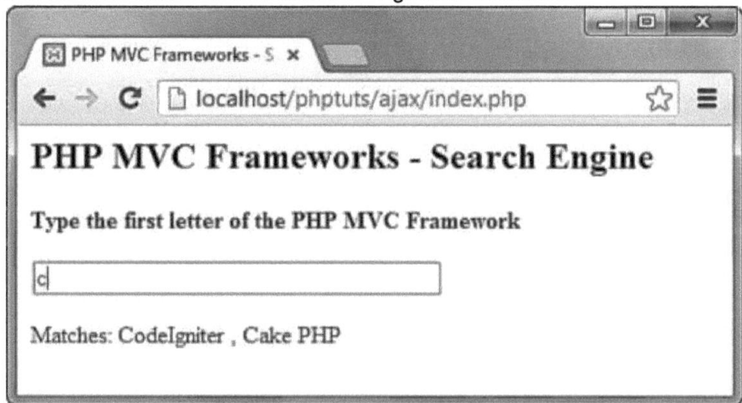

Figura 6.2

O exemplo acima demonstra o conceito de AJAX e como este nos pode ajudar a criar aplicações de interação rica.

RESUMO

J AJAX é o acrónimo de Asynchronous JavaScript and XML (JavaScript assíncrono e XML)
J AJAX é uma tecnologia utilizada para criar aplicações de interação rica que reduzem as interações entre o cliente e o servidor, actualizando apenas partes da página Web.

J O Internet Explorer versão 5 e 6 utiliza ActiveXObject para implementar operações AJAX.
J O Internet Explorer versão 7 e superior e os navegadores Chrome, Firefox, Opera e Safari utilizam XMLHttpRequest.

REFERÊNCIAS

1.   Web Design The complete Reference, Thomas Powell, Tata McGrawHill
2.   HTML e XHTML A referência completa, Thomas Powell, Tata McGrawHill
3.   JavaScript 2.0 : A Referência Completa, Segunda Edição por Thomas Powell e Fritz Schneider
4.   PHP : A Referência Completa Por Steven Holzner, Tata McGrawHill
5.   www.w3schools.com
6.   www.github.com
7.   www.w3professors.com
8.   XML: Um Guia para Principiantes por Steven Holzner
9.   AJAX para principiantes , Ivan Bayross e Sharanam Shah, SPD
10. Desenvolvimento Web com jQuery (WROX) por Richard York
11. Aprender PHP, MySQL e JavaScript com j Query, CSS e HTML5 - por Robin Nixon, SPD

CAPÍTULO 7

XML E AJAX

Estrutura da unidade
Introdução
Como funciona o AJAX
O objeto XMLHttpRequest
Construir um pedido, passo a passo
Obter de XML
Escrever no corpo
Enviar um texto
Utilizar um ficheiro externo
Carregar os dados XML
Como construir um sítio Web Ajax?
Desvantagens do Ajax
Referências

INTRODUÇÃO

O Ajax (Asynchronous JavaScript and XML) é um método de construção de aplicações interactivas para a Web que processam imediatamente os pedidos dos utilizadores. O Ajax combina várias ferramentas de programação, incluindo JavaScript, HTML dinâmico (DHTML), Extensible Markup Language (XML), folhas de estilo em cascata (CSS), o Document Object Model (DOM) e o objeto da Microsoft, XMLHttpRequest.

O Ajax permite que o conteúdo das páginas Web seja atualizado imediatamente quando um utilizador executa uma ação, ao contrário de um pedido HTTP, durante o qual os utilizadores têm de esperar que toda uma nova página seja carregada. Por exemplo, um sítio de previsão meteorológica pode apresentar as condições locais num dos lados da página, sem demora, depois de um utilizador introduzir um código postal.

O Google Maps é uma aplicação bem conhecida que utiliza Ajax. A interface permite ao utilizador alterar as vistas e manipular o mapa em tempo real. As aplicações Ajax não requerem a instalação de um plug-in, mas funcionam diretamente com um navegador Web. Devido ao facto de a técnica depender do XMLHttpRequest, as primeiras aplicações funcionavam apenas com o navegador Internet Explorer da Microsoft, mas a maioria dos outros navegadores suporta agora o Ajax.

As aplicações criadas com Ajax utilizam um motor que actua como intermediário entre o browser do utilizador e o servidor a partir do qual solicita informações. Em vez de carregar uma página Web tradicional, o browser do utilizador carrega o motor Ajax, que apresenta a página que o utilizador vê. O motor continua a ser executado em segundo plano, utilizando JavaScript para comunicar com o navegador Web. A entrada do utilizador ou o clique na página envia uma chamada JavaScript para o motor Ajax, que pode responder instantaneamente em muitos casos. Se o motor necessitar de dados adicionais, solicita-os ao servidor, normalmente utilizando XML, enquanto actualiza simultaneamente a página.

O Ajax não é uma tecnologia proprietária ou um produto embalado. Os programadores Web têm vindo a utilizar JavaScript e XML em combinação há vários anos. Atribui-se a Jesse James Garrett, da empresa de consultoria Adaptive Path, a criação do nome "Ajax" como uma forma abreviada de referir as tecnologias específicas envolvidas numa abordagem atual.

XML é uma linguagem especial utilizada para estruturar e armazenar ficheiros .xml. Trata-se de uma sintaxe baseada em etiquetas.

Em alguns casos, a resposta recebida do Ajax (os dados transmitidos pelo servidor do script) pode ser o conteúdo de um documento XML. Este método de trabalho é utilizado pelas aplicações API para transferir dados de um servidor para outro (de um servidor externo do sítio que solicitou a transferência). Utilizando o Ajax, é possível ler um documento XML diretamente.

COMO FUNCIONA O AJAX

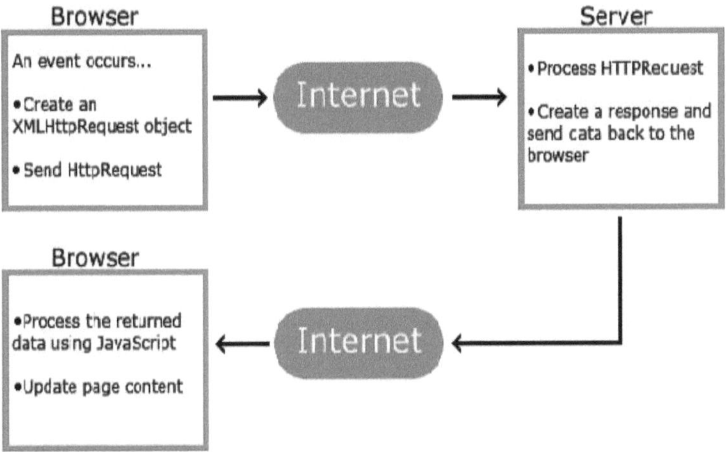

Figura 7.1- Funcionamento do AJAX

O AJAX baseia-se nas normas da Internet e utiliza uma combinação de:

≠ Objeto XMLHttpRequest (para trocar dados de forma assíncrona com um servidor)

≠ JavaScript/DOM (para apresentar/interagir com as informações)

≠ CSS (para estilizar os dados)

≠ XML (frequentemente utilizado como formato para a transferência de dados)

O objeto XMLHttpRequest

Permite interagir com os servidores, graças aos seus métodos e atributos.

Atributos

estado de prontidão	o código muda sucessivamente o valor de 0 a 4, o que significa "pronto".
estatuto	200 está OK 404 se a página não for encontrada.
responseText	mantém os dados carregados como uma cadeia de caracteres.
respostaXml	contém um ficheiro XML carregado, o método DOM permite extrair dados.
mudança de estado da leitura	que recebe como valor uma função que é invocada quando o evento readystatechange é enviado.

Métodos

open(mode, url, boolean)	mode: tipo de pedido, GET ou POST url: a localização do ficheiro, com um caminho. boolean: true (assíncrono) / false (síncrono).

	opcionalmente, um login e uma password podem ser adicionados aos argumentos.
enviar("string")	nulo para um comando GET.

Construir um pedido, passo a passo

Primeiro passo: criar uma instância

Esta é apenas uma instância clássica da classe, mas devem ser tentadas duas opções, para compatibilidade com o browser.

```
1    if (window.XMLHttpRequest) // Objeto standard
2    {
3    xhr = new XMLHttpRequest(); // Firefox, Safari, ...
4    }
5    else if (window.ActiveXObject) // Internet Explorer
6    {
7    xhr = novo ActiveXObject("Microsoft.XMLHTTP");
8    }
```

Em vez disso, podem ser utilizadas excepções:

```
1    tentar {
2    xhr = new ActiveXObject("Microsoft.XMLHTTP"); // Experimentar no IE
3    }
4    catch(e) // Falhou, utilizar objeto padrão
5    {
6    xhr = new XMLHttpRequest();
7    }
```

Segundo passo: aguardar a resposta

A resposta e o processamento posterior são incluídos numa função e o retorno da função será atribuído ao atributo **Onreadystatechange** do objeto anteriormente criado.

```
1    xhr.onreadystatechange = function() { <span class="Style1">// instruções para processar
a resposta</span> };
2    se (xhr.readyState == 4)
3    {
4    // Recebido, OK
5    } else
6    {
7    // Espera...
8    }
```

Terceiro passo: fazer o pedido propriamente dito

São utilizados dois métodos de XMLHttpRequest:

- **open**: comando GET ou POST, URL do documento, true para assíncrono.
- **send**: apenas com POST, os dados a enviar para o servidor.

O pedido abaixo lê um documento no servidor.

```
1 xhr.open('GET', 'https://www.xul.fr/somefile.xml', true);
2 xhr.send(null);
```

Exemplos

Obter um texto

```
1    <html>
2    <head>
3    <script>
1    função submitForm()
2    {
```

```
3    var xhr;
4    try { xhr = new ActiveXObject('Msxml2.XMLHTTP'); }
5    captura (e)
6    {
7    try { xhr =new      ActiveXObject('Microsoft.XMLHTTP'); }
8    captura (e2)
9    {
10   try { xhr = new XMLHttpRequest(); }
11   catch (e3) { xhr = false; }
12   }
13   }
14
15   xhr.onreadystatechange = function()
16   {
17   se(xhr.readyState == 4)
18   {
19   se(xhr.status == 200)
20   document.ajax.dyn="Recebido:" + xhr.responseText;
21   senão
22   document.ajax.dyn="Código de erro " + xhr.status;
23   }
24   };
25
26   xhr.open("GET", "data.txt", true);
27   xhr.send(null);
28   }
1    </script>
2    </head>
3
4    <body>
5    <FORM method="POST" name="ajax" action="">
6    <INPUT type="BUTTON"
value="Submit" ONCLICK="submitForm()">
7    <INPUT type="text" name="dyn" value="">
8    </FORM>
9    </body>
10   </html>
```

Comentários sobre o código:

novo Activexobject(MicrosoftXMLHTTP)

Este construtor é para o Internet Explorer.

novo XMLHttpRequest()

Este construtor é para qualquer outro navegador, incluindo o Firefox.

http.onreadystatechange

É atribuída uma função anónima ao indicador de evento.

http.readyState == 4

O estado 4 significa que a resposta está pronta e foi enviada pelo servidor. http.status == 200

Este estado significa ok, caso contrário é devolvido um código de erro, por exemplo 404.

http.open("POST", "data.xml", true);

POST ou GET

URL do script a executar.

verdadeiro para assíncrono (falso para síncrono).

http.setRequestHeader("Content-Type", "application/x-www-form- urlencoded");

Isto é apenas para POST.

http.send(document.getElementById("TYPEDTEXT").value);

Enviar dados para o servidor. Os dados provêm da variável "TYPEDTEXT" preenchida através do formulário pelo utilizador.

*Figure 2-		- Demonstração do código acima*

Obter de XML

Para obter dados de um ficheiro XML, basta substituir esta linha:

1 document.ajax.dyn="Recebido:" + xhr.responseText;

por este código:

```
1    // Atribuir o ficheiro XML a um var
2    var doc = xhr.responseXML;
3    // Ler o primeiro elemento
4    var element = doc.getElementsByTagName('root').item(0);
5    // Atribuir o conteúdo ao formulário
6    document.ajax.dyn.value= element.firstChild.data;
```


*Figure 3-		- Demonstração do código acima*

Escrever no corpo

O texto lido é colocado no corpo da página, e não num campo de texto.

O código abaixo substitui o objeto do formulário do campo de texto e a segunda parte substitui a atribuição na função JavaScript.

```
1    <div id="zona">
2    <span class="Style1">... algum texto para substituir ...</span>
3    </div>
4    document.getElementById("zone").innerHTML = "Received:" + xhr.responseText;
```

*Figure 4-		- Demonstração do código acima*

Enviar um texto

Um texto é enviado para o servidor e é escrito num ficheiro. A chamada ao método "open" muda, o argumento é POST, o url é o nome de um ficheiro ou script que recebe os dados enviados, e que os deve processar. E o método "send" tem agora como argumento um valor que é uma cadeia de parâmetros.

```
1 xhr.open("POST", "ajax-post-text.php", true);
2 xhr.setRequestHeader("Content-Type", "application/x-www-form- urlencoded");
3 xhr.send(data);
```

O parâmetro do método send está no formato do método HTML POST. Quando são enviados vários valores, estes são separados pelo símbolo "e comercial":

```
1 var data = "file=" + url + "&content=" + content;
```

O parâmetro "file" é o nome de um ficheiro criado para armazenar o conteúdo. O nome do ficheiro deve ser verificado pelo servidor para evitar que qualquer outro ficheiro seja modificado.

A demonstração está incluída no arquivo.

Utilizar um ficheiro externo

É mais simples incluir um ficheiro JavaScript. Esta linha será incluída na secção head da página HTML:

```
1 <script src="ajax.js" type="text/javascript"></script>
```

E a função é chamada com esta instrução:

```
1    var xhr = createXHR();
```

O script no ficheiro ajax.js:

```
2    função createXHR() {
3    var request = false;
4    tentar {
5    request = novo ActiveXObject('Msxml2.XMLHTTP');
6    }
7    catch (err2)      {
8    tentar {
9    request = novo ActiveXObject('Microsoft.XMLHTTP');
10   }
11   catch (err3) {
12   try { request = new XMLHttpRequest();}
13   catch (err1) { request = false;}
14   }
15   }
16   pedido de devolução;
17   }
```

Carregar os dados XML

A primeira etapa consiste em obter os dados XML. Estes podem ser recebidos do PHP (ou de outra aplicação do servidor) como uma cadeia de caracteres ou podem ser retirados diretamente do ficheiro .xml.

Uma vez recebidos os dados, estes devem ser carregados num objeto DOM Java Script.

a) Se os dados XML forem recebidos do Ajax a partir de um script de servidor, numa linha de cadeia, os códigos de carregamento do formato XML são:

CÓDIGO:

```
// Função para carregar os detalhes XML num objeto DOM Javascript
Função getXML_string(txt_xml) {
// Se não estiver a utilizar o Internet Explorer como browser if(window.DOMParser) {
// criar o objeto DOM e guardar a "árvore"
// utilizando dados do "xmlDoc"
get xml = new DOM Parser();
xml.Doc = getxml.parse (txt_xml, "sourcecode/xml");
}
senão {
// criar o documento XML numa "xmlDoc"
xmlDoc=new ActiveXObject("Microsoft.XMLDOM");
xmlDoc ="false"; // Pode utilizá-lo para
// forçar o programa a carregar um documento XML xmlDoc.getXML_string(txt_xml);
}
return xmlDoc;
}
// o elemento com os dados recebidos do servidor
var string_xml = 'a cadeia de texto onde o XML é armazenado
Recebido do servidor através de Ajax (chamado através de GET ou POST)";
// Está a chamar a função "getXML_row()" com "row_xml" xml_dom = getXML_row(row_xml);
```

O Internet Explorer utiliza a função "getXML_row()" para carregar a cadeia de dados num objeto DOM e os outros navegadores utilizam a função DOMParser().

- A variável "row_xml" retém os dados que o Ajax recebe do script php e, por vezes, até os dados de cadeia de caracteres do documento xml.

b)   Se os dados XML tiverem de ser obtidos diretamente do Ajax a partir do "file.xml", deve utilizar o objeto "XMLHttpRequest":

EXEMPLO

```
// A função que obtém as variáveis XML DOM do código
// o conteúdo de um XML (o endereço do parâmetro "file")
função getXML_file {
// Se o navegador Web suportar o protocolo XMLRequest com HTTP
se (window.XMLHttpRequest) {
// Criar a variável que contém a instância do XMLHttpRequest xhttp = new
XMLHttpRequest();
}
senão {
// Para o Internet Explorer 5 ou mais recente
xhttp = novo ActiveXObject("Microsoft.XMLHTTP");
}
// Definir e executar as funções que chamam por "file"
xhttp.open("GET", ficheiro ,false);
xhttp.send(null);
// Reter e reenviar a resposta, transformada em XML DOM
xmlDoc = xhttp.response para o objeto XML;
return xmlDoc;
}
// A variável com o endereço do ficheiro XML
var file_xml = 'file.xml';
// Se as chamadas para a função "getXML_file()" com "file_xml"
var xml_dom = getXML_(file_xml);
```

- a função "responseXML" transforma os dados recebidos diretamente em XML DOM.

EXEMPLO 2

O AJAX pode ser utilizado para a comunicação interactiva com um ficheiro XML.

O exemplo seguinte demonstra como uma página Web pode ir buscar informações a um ficheiro XML com AJAX:

Exemplo

[Obter informações do CD]

Figura 7.5

Ao clicar:

Exemplo

Título	Artiat
Empire Burlesque	Bob Dylan
Esconde o teu coração	Bonnie Tyler
Grandes êxitos	Dolly Parton
Ainda tenho os azuis	Gary Moore
Eros	Eros Ramazzotti
Uma noite apenas	A abelha vai
Sylvias Mãe	Dr. Hook
Maggie May	Rod Stewart
Romanza	Andrea Bocelli
Quando um homem ama uma mulher	Percy Sledge
Anjo negro	Rosa Selvagem
Nomeados para os Grammy 1999	Muitos
Para os bons momentos	Kenny Rogers
Estilo Big WillKe	Will Smith
Mel de Tupelo	Van Morrison
Almasvivas	Jorn Hoel
O melhor de	Cat Stevens
Parar	Sam Brown
Ponte dos Espiões	T'Pau
Dançarino privado	Tina Turner
Mais sobre a natureza	Kim Larsen
Concerto de Gala Pavarotti	Luciano Pavarotti
O cais da baía	Otis Redding
Livro de imagens	Simplesmente vermelho

Quando um utilizador clica no botão "Obter informações do CD" acima, a função loadDoc() é executada. A função loadDoc() cria um objeto XMLHttpRequest, adiciona a função a ser executada quando a resposta do servidor estiver pronta e envia o pedido para o servidor. Quando a resposta do servidor está pronta, é criada uma tabela HTML, os nós (elementos) são extraídos do ficheiro XML e, finalmente, é atualizado o elemento "demo" com a tabela HTML preenchida com dados XML:

CarregarXMLDoc()

```
função loadDoc() {
var xhttp = new XMLHttpRequest();
xhttp.onreadystatechange = function() {
se (this.readyState == 4 && this.status == 200) { myFunction(this);
}
};
xhttp.open("GET", "cd_catalog.xml", true);
xhttp.send();
}
function myFunction(xml) {
var i;
var xmlDoc = xml.responseXML;
var table="<tr><th>Título</th><th>Artista</th></tr>";
var x = xmlDoc.getElementsByTagName("CD");
for (i = 0; i <x.length; i++) {
table += "<tr><td>" +
x[i].getElementsByTagName("TITLE")[0].childNodes[0].nodeValue + "</td><td>" +
x[i].getElementsByTagName("ARTIST")[0].childNodes[0].nodeValue + "</td></tr>";
}
document.getElementById("demo").innerHTML = tabela;
}
```

Exemplo 3

Criar um XMLHttpRequest simples e obter um ficheiro .txt

```
<!DOCTYPE html>
<html>
<body>
<div id="demo">
<h1>O objeto XMLHttpRequest</h1>
<button type="button" onclick="loadDoc()">Alterar conteúdo</button> </div>
<script>
função loadDoc() {
var xhttp = new XMLHttpRequest();
xhttp.onreadystatechange = function() {
se (this.readyState == 4 && this.status == 200) {
document.getElementById("demo").innerHTML =
this.responseText;
}
};
xhttp.open("GET", "ajax_info.txt", true);
xhttp.send();
}
</script>
</body>
</html>
```

Como construir um sítio Web Ajax?

É necessário um invólucro. Segue-se uma pequena lista de estruturas. O seu programa JavaScript, integrado numa página Web, envia um pedido ao servidor para carregar ficheiros para a reconstrução das páginas. Os documentos recebidos são processados com métodos DOM ou analisadores XML e os dados são utilizados para atualizar as páginas.

Desvantagens do Ajax

- Se o JavaScript não estiver ativado, o Ajax não pode funcionar. Deve ser pedido ao utilizador que defina o JavaScript a partir das opções do browser, com a etiqueta "noscript".
- Uma vez que os dados a apresentar são carregados dinamicamente, não fazem parte da página e são ignorados pelos motores de busca, pelo que não são indexados. - O modo assíncrono pode alterar a página com atrasos (quando o processamento no servidor demora algum tempo), o que pode ser perturbador, especialmente porque o resultado pode ocorrer após as instruções que chamam o servidor. - O botão de voltar pode ser desativado (não é o caso nos exemplos aqui apresentados). Isto pode ser ultrapassado e é fácil com o HTML 5.

REFERÊNCIAS

1.   Web Design The complete Reference, Thomas Powell, Tata McGrawHill
2.   HTML e XHTML A referência completa, Thomas Powell, Tata McGrawHill
3.   JavaScript 2.0 : A Referência Completa, Segunda Edição por Thomas Powell e Fritz Schneider
4.   PHP : A Referência Completa Por Steven Holzner, Tata McGrawHill
5.   www.w3schools.com
6.   www.github.com
7.   www.w3professors.com
8.   XML: Um Guia para Principiantes por   StevenHolzner
9.   AJAX para principiantes, IvanBayross e Sharanam Shah, SPD
10.   Desenvolvimento Web com jQuery (WROX) por Richard York
11.   Aprender PHP, MySQL e JavaScript com j Query, CSS e HTML5 - por Robin Nixon, SPD

CAPÍTULO 8

TRATAMENTO DE XML EM APLICAÇÕES AJAX

Estrutura da unidade
Pré-requisitos
Introdução ao AJAX
XMLHttpRequest
Estrutura da aplicação
A arquitetura Ajax
Implementar a aplicação
Passo a passo do código: Manipulador de retorno de chamada 1
Passo a passo do código: Manipulador de retorno de chamada 2
Passo a passo do código: Manipulador de retorno de chamada 3
Passo a passo do código: Revisitando XMLHttpRequest
Passo a passo do código: Ver autores, editoras, títulos
Testar a aplicação
Resumo
Referências

PRÉ-REQUISITOS

Utilizaremos o Tomcat para executar a aplicação Ajax. O Tomcat é o contentor de servlet utilizado na implementação de referência oficial para as tecnologias Java Servlet e JavaServer Pages. Baixe o arquivo jakarta-tomcat- 5.0.28.exe e execute-o para instalar o Tomcat em qualquer local que desejar -- c:\tomcat5.0, por exemplo.

Descarregue o código-fonte e a aplicação Web (em wa-ajax-Library.war) para este tutorial.

INTRODUÇÃO AO AJAX

Noções básicas de Ajax

O Ajax permite uma experiência Web dinâmica e assíncrona sem necessidade de atualizar a página. Incorpora as seguintes tecnologias:

XHTML e CSS fornecem uma apresentação baseada em normas.

O modelo de objeto de documento (DOM) permite uma visualização e interação dinâmicas.

O XML e o XSLT permitem o intercâmbio e a manipulação de dados.

O XMLHttpRequest permite a recuperação assíncrona de dados.

O JavaScript liga tudo.

O núcleo da tecnologia Ajax é um objeto JavaScript: XMLHttpRequest. Este objeto é fornecido através de implementações de browsers - primeiro através do Internet Explorer 5.0 e depois através de browsers compatíveis com o Mozilla. Veja este objeto mais de perto.

XMLHttpRequest

Com o XMLHttpRequest, pode utilizar o JavaScript para fazer um pedido ao servidor e processar a resposta sem bloquear o utilizador. À medida que cria o seu sítio Web e utiliza o XMLHttpRequest para efetuar actualizações de ecrã no browser do cliente sem necessidade de atualização, proporciona muita flexibilidade e uma experiência de utilizador rica.

Exemplos de aplicações XMLHttpRequest incluem o serviço Gmail da Google, a interface de pesquisa dinâmica Suggest da Google e a interface dinâmica de mapas MapQuest. Nas próximas secções, demonstramos como utilizar o objeto XMLHttpRequest em pormenor à medida que demonstramos a conceção de uma aplicação de encomenda de livros e a implementamos.

Conceção da aplicação

J Elementos do pedido

J O exemplo de aplicação de encomenda de livros baseada na Web conterá as seguintes funções do lado do cliente implementadas em Ajax

Validação do ID de subscrição

J   A Ver lista de autores

J   Lista de editores da A View

O objetivo é mostrar como a validação em tempo real e as actualizações de página numa página Web tornam a interação do utilizador mais fácil e mais eficiente.

Estrutura da aplicação

O diagrama da Figura 8.1 descreve a arquitetura da aplicação de exemplo de encomenda de livros:

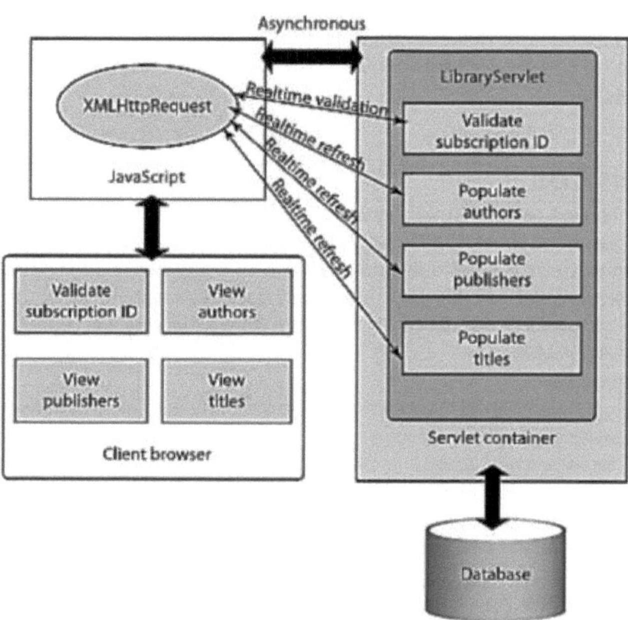

Figura 8.1- A arquitetura Ajax

A arquitetura Ajax

A aplicação será uma única página Web desenvolvida com a tecnologia JavaServer Pages (JSP). O utilizador poderá invocar a página Web utilizando um navegador Web (como o Microsoft® Internet Explorer) e introduzir o ID de assinatura que a aplicação valida em tempo real. Como o ID é validado de forma assíncrona, o utilizador pode introduzir mais informações. O utilizador pode visualizar os títulos dos livros por Autor ou Editor. O ecrã preencherá a lista de Autores ou Editoras com base na escolha do utilizador. Com base na seleção, é preenchida a lista de títulos. Todas estas listas são preenchidas em tempo real - por outras palavras, a página não é actualizada, mas os dados continuam a vir do nível de backend. Chamamos a este fenómeno actualizações em tempo real.

Como se pode ver na Figura 1, o objeto JavaScript XMLHttpRequest ajuda no processamento assíncrono em tempo real. Este objeto faz um pedido sob a forma de XML por HTTP ao servlet LibraryServlet que reside num contentor Web. O servlet consulta então

58

a base de dados, obtém os dados e envia-os de volta ao cliente, novamente sob a forma de XML por HTTP. Os pedidos e as respostas ocorrem em tempo real, sem necessidade de atualizar a página.

É isto que torna o Ajax tão poderoso. O utilizador não espera que a página seja recarregada porque não há recarga de página.

Implementar a aplicação

Implementação de aplicações com Ajax

Nesta secção, fazemos um passo-a-passo do código da aplicação de exemplo de encomenda de livros e analisamos de perto cada componente Javascript baseado em Ajax:

J Validar ID de subscrição

J Ver Autores

J View Publishers

J Ver títulos

Passo a passo do código: Validar o ID da subscrição

Comecemos com a função Validar ID de subscrição<input type="text" name="subscriptionID" onblur="validate(this.form)"/>. Este código cria um campo de texto onde os utilizadores podem introduzir IDs de subscrição. Quando o utilizador introduz a ID e passa para o campo seguinte no formulário, o evento onBlur é ativado. Este evento chama uma função JavaScript validate():

```
1   var req;
2   function validate(formObj) {
3   init();
4   req.onreadystatechange = subscriptionValidator;
5   req.send("subscriptionID=" + formObj.subscriptionID.value);
6   }
```

A função validate() recebe formObj como parâmetro. Em primeiro lugar, chama a função init():

```
1   função init() {
2   se (window.XMLHttpRequest) {
3   req = new XMLHttpRequest();
4   } else if (window.ActiveXObject) {
5   req = novo ActiveXObject("Microsoft.XMLHTTP");
6   }
7   var url = "/Library/LibraryServlet";
8   req.open("POST", url, true);
9   req.setRequestHeader("Content-Type", "application/x-www-form-
urlencoded");
10  }
```

Passo a passo do código: init()

Agora veja o que a função init() faz (dividimos o código em partes):

```
1   se (window.XMLHttpRequest) {
2   req = new XMLHttpRequest();
3   } else if (window.ActiveXObject) {
4   req = novo ActiveXObject("Microsoft.XMLHTTP");
5   }
```

A função init() cria primeiro o objeto XMLHttpRequest. Este objeto de pedido é o núcleo do Ajax. Envia e recebe o pedido em formato XML. Esta parte do código verifica se o browser suporta o objeto XMLHttpRequest (a maioria dos browsers suporta-o). Se estiver a utilizar o Microsoft Internet Explorer 5.0 ou superior, a segunda condição é executada.

```
1 req.open("POST", url, true);
2 req.setRequestHeader("Content-Type", "application/x-www-form- urlencoded");
```

Depois de o seu código criar o objeto XMLHttpRequest, é necessário definir determinadas propriedades do pedido. No código anterior, a primeira linha define o método de pedido, o URL do pedido e o tipo de pedido (se é assíncrono ou não). Isso é feito chamando o método open() no objeto XMLHttpRequest.

Neste caso, utilizaremos o método POST. Idealmente, utilize o POST quando precisar de alterar o estado no servidor. Nossa aplicação não vai alterar o estado, mas ainda assim preferimos usar o POST. O url é o URL do servlet a ser executado. true indica que processaremos o pedido de forma assíncrona.

Para o método POST, precisamos de definir o cabeçalho do pedido Content-Type. Isto não é necessário para o método GET.

```
1    function validate(formObj) {
2    init();
3    req.onreadystatechange = subscriptionValidator; .
4    req.send("subscriptionID=" + formObj.subscriptionID.value);
5    }
```

Passo a passo do código: Manipulador de retorno de chamada 1

Para continuar com o método de validação, a seguir atribui o manipulador da chamada de retorno subscriptionValidator a onreadystatechange, que será ativado em cada alteração de estado do pedido.

O que é esse manipulador de retorno de chamada? Uma vez que está a processar o pedido de forma assíncrona, precisa de um manipulador de retorno de chamada que é invocado quando a resposta completa é devolvida pelo servidor - o manipulador de retorno de chamada é onde irá validar o ID da subscrição (ou seja, escrever o seu código de validação real).

O manipulador actua como um ouvinte. Ele espera até que a resposta esteja completa. (Para enviar o pedido, a última linha chama o método send(). O pedido é enviado como um par nome=valor. Para o método GET, a solicitação é enviada como parte do URL, portanto, o método send() recebe um parâmetro nulo.

O pedido é enviado para o servlet. O servlet processa o pedido e envia a resposta em tempo real. É assim que o servlet processa a solicitação. O próximo trecho de código ilustra o método LibraryServlet -- doPost().

```
1 public void doPost(HttpServletRequest req, HttpServletResponse resp) throws 2
ServletException, IOException {
3    String ID = null;
4    ID = req.getParameter("subscriptionID");
5    se (ID != null) {
6    String status = "<mensagem>" + this.validID(ID) + "</mensagem>";
7    this.writeResponse(resp, status);
8    }
9    }
```

Passo a passo do código: Manipulador de retorno de chamada 2

O método doPost() obtém o ID da subscrição a partir do parâmetro do pedido. Para validar o ID, chama o método validID(). Este método valida o ID e devolve verdadeiro se o ID for válido, caso contrário devolve falso. Constrói o estado de retorno em formato XML e escreve a resposta chamando o método writeResponse(). Examine agora o método writeResponse().

```
1 public void writeResponse(HttpServletResponse resp, String output) throws IOException {
2 resp.setContentType("text/xml");
3 resp.setHeader("Cache-Control", "no-cache");
```

```
4 resp.getWriter().write(output);
5 }
```

A resposta é enviada em formato XML. A primeira linha define o tipo de conteúdo da resposta, que é text/xml. A linha seguinte define o cabeçalho Cache-Control com o valor no-cache. Este cabeçalho é obrigatório. O Ajax exige que a saída da resposta não seja armazenada em cache pelo navegador. Para escrever a resposta, a última linha chama o método getWriter().write().

Passo a passo do código: Manipulador de retorno de chamada 3

O pedido é processado pelo servlet e a resposta é enviada de volta para o cliente. Lembre-se de que tudo isso acontece em segundo plano, sem uma atualização de página. Agora, o método manipulador de retorno de chamada que discutimos anteriormente manipulará e analisará a resposta:

```
1    função subscriptionValidator() {
2    se (req.readystate == 4) {
3    se (req.status == 200) {
4    var messageObj =
req.responseXML.getElementsByTagName("message")[0];
5    var mensagem =
messageObj.childNodes[0].nodeValue;
6    se (mensagem == "true") {
7    msg.innerHTML = "A subscrição é válida";
8    document.forms[0].order.disabled = false;
9    } else {
10   msg.innerHTML = "Assinatura não válida";
11   document.forms[0].order.disabled = true;
12   }
13   }
14   }
15}
```

Passo a passo do código: Revisitando XMLHttpRequest

Como já foi referido, o objeto XMLHttpRequest é o objeto central que constrói e envia o pedido. Também lê e analisa a resposta que regressa do servidor. Observe o código em partes.

```
1    se (req.readystate == 4) {
2    se (req.status == 200) {
```

O código anterior verifica o estado do pedido. Se o pedido estiver num estado pronto, irá então ler e analisar a resposta.

O que é que queremos dizer com estado pronto? Quando o atributo readystate do objeto de pedido tem o valor 4, isso significa que o cliente recebeu a resposta e está concluído. De seguida, verificamos o estado do pedido (se a resposta foi uma página normal ou uma página de erro). Para garantir que a resposta é normal, verifique o valor de estado 200. Se o valor de estado for 200, então a resposta será processada.

```
1    var messageObj =
req.responseXML.getElementsByTagName("message")[0];
2    var mensagem = messageObj.childNodes[0].nodeValue;
3    se (mensagem == "true") {
4    msg.innerHTML = "A subscrição é válida";
5    document.forms[0].order.disabled = false;
6    } else {
7    msg.innerHTML = "Assinatura não válida";
```

```
8    document.forms[0].order.disabled = true;
9   }}
```

Em seguida, o objeto de pedido lê a resposta chamando a propriedade responseXML. Tenha em atenção que o servlet enviou a resposta em XML, pelo que utilizamos responseXML. Se a resposta enviada estiver em texto, pode utilizar a propriedade responseText.

Neste exemplo, lidamos com XML. O servlet construiu a resposta em uma marca <message>. Para analisar essa marca XML, chame o método getElementsByTagName() na propriedade responseXML do objeto XMLHttpRequest. Obtém o nome da etiqueta e o valor filho da etiqueta. Com base no valor analisado, a resposta é formatada e escrita em HTML. Acabou de validar o ID da subscrição, tudo isto sem uma atualização da página.

Passo a passo do código: Ver autores, editoras, títulos

As outras funcionalidades -- Ver Autores, Ver Editores e Ver Títulos - - funcionam de forma semelhante. É necessário definir manipuladores separados para cada funcionalidade:

```
1    function displayList(field) {
2    init();
3    títulos.innerHTML =        " ";
4    req.onreadystatechange =listHandler   ;
5    req.send("select="       + escape(field));
6    }
7
8    função displayTitles(formObj) {
9    init();
10   var index = formObj.list.selectedIndex;
11   var val = formObj.list.options[index].value;
12   req.onreadystatechange = titlesHandler;
13   req.send("list=" + val);
14   }
```

Lembre-se que esta aplicação de exemplo permite ao utilizador visualizar os títulos por autor ou editora. Portanto, é exibida a lista de autores ou a lista de editoras. Neste cenário, a aplicação chama apenas um manipulador de retorno de chamada com base na seleção do utilizador - por outras palavras, para a lista de autores e de editoras, tem apenas um manipulador de retorno de chamada listHandler.

Para apresentar a lista de títulos, utiliza-se titlesHandler. A funcionalidade restante permanece a mesma com o servlet processando o pedido e escrevendo de volta a resposta em formato XML. A resposta é então lida, analisada, formatada e escrita em HTML. É possível renderizar a lista em HTML como uma   tag selectoptions   . Este exemplo de trecho de código mostra o titlesHandler
método.

```
1    var temp = "<select name=\"titles\" multiple\>";
2    for (var i=0; i<index; i++) {
3    var listObj = req.responseXML.getElementsByTagName("list")[i];
4    temp = temp + "<option value=" + i +">" + listObj.childNodes[0].nodeValue
5    + "</option>";
6    }
7    temp = temp + "</select>";
8    títulos.innerHTML = temp;
```

Até agora, demonstrámos como implementar validação e actualizações em tempo real. Com o Ajax, pode escolher entre várias formas de adicionar tempero e estilo às interações do utilizador nos seus Web sites. Em seguida, vamos executar a aplicação.

Executar e testar a aplicação
Executar a aplicação
Faça o download do código de amostra wa-ajax-Library.war e copie-o para o diretório
Tomcat Webapp (por exemplo, c:\Tomcat 5.0\Webapps). Para iniciar o servidor Tomcat,
digite o seguinte: 1 cd bin
2 C:\Tomcat 5.0\bin> catalina.bat start
O Tomcat é agora iniciado com a sua aplicação Web Ajax implementada.
Testar a aplicação
Para testar a aplicação:
Abra o seu navegador da Web. Aponte para http://localhost:tomcatport/Library/order.jsp
onde a variável tompcatport é a porta em que seu servidor Tomcat é executado.
É apresentado o ecrã de subscrição.
No campo Introduzir ID de subscrição, escreva qualquer ID de utilizador, exceto "João", e
retire o separador do campo.
O pedido de ID de subscrição que efectuou ao servidor de forma assíncrona será validado.
Aparecerá a mensagem "Assinatura não válida", como mostra a Figura 8.2:

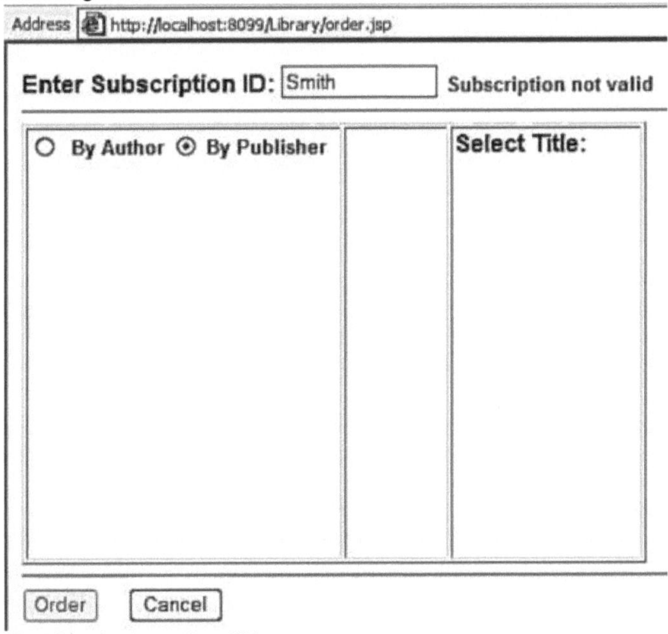

Figura 8.2- Ecrã "Assinatura não válida

O ecrã "Assinatura não válida
A aplicação validou o utilizador de forma assíncrona e forneceu validação em tempo de
execução sem atualizar o browser.
Introduza o valor do ID do utilizador, John.
Aparecerá a mensagem "A subscrição é válida". Quando a subscrição for válida, a aplicação
ativa o botão Encomendar.
Selecione o botão de rádio Por autor ou Por editora para preencher a lista pendente de autor
ou editora, respetivamente.
Selecione um autor ou editora na lista pendente.

A área do título é preenchida dinamicamente (como na Figura 8.3).

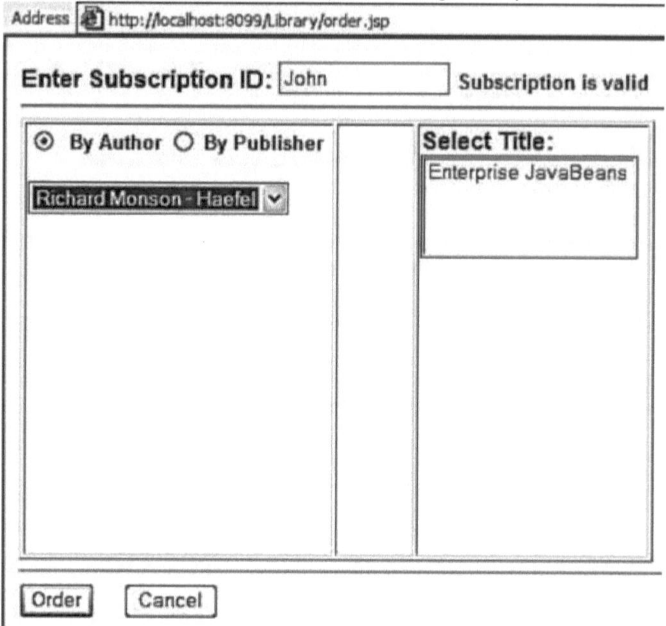

Figura 8.3 O ecrã "A assinatura é válida

O ecrã "A assinatura é válida

Quando seleciona o autor ou a editora, a aplicação solicita ao servidor que forneça as informações do título associadas ao autor ou editora selecionados em tempo de execução a partir do servidor. As informações do título são apresentadas sem atualizar o browser.

RESUMO

O Ajax percorreu um longo caminho desde a sua criação. Acreditamos que o Ajax pode ser aplicado como mais do que apenas um padrão de design, embora o Ajax ainda tenha alguns problemas:

J O suporte dos browsers para o objeto XMLHttpRequest pode ser restritivo. A maioria dos navegadores suporta o objeto XMLHttpRequest, mas alguns não o fazem (normalmente as versões mais antigas dos navegadores).

J O Ajax é mais adequado para apresentar um pequeno conjunto de dados. Se lida com grandes volumes de dados para uma apresentação de listas em tempo real, então o Ajax pode não ser a solução correta.

O Ajax é bastante dependente do JavaScript. Se um browser não suportar JavaScript ou se um utilizador desativar a opção de scripting, então não é possível tirar partido do Ajax.

J A natureza assíncrona do Ajax não garante o processamento síncrono de pedidos para vários pedidos. Se precisar de dar prioridade à sua validação ou atualização, conceba a sua aplicação em conformidade.

J Mesmo com estes potenciais problemas, o Ajax continua a ser a melhor solução para melhorar as suas páginas Web e resolver problemas de carregamento de páginas

REFERÊNCIAS

1.   Web Design The complete Reference, Thomas Powell, Tata McGrawHill

2. HTML e XHTML A referência completa, Thomas Powell, Tata McGrawHill

3. JavaScript 2.0 : A Referência Completa, Segunda Edição por Thomas Powell e Fritz Schneider

4. PHP: A Referência Completa Por Steven Holzner, Tata McGrawHill

5. www.w3schools.com

6. www.github.com

7. www.w3professors.com

8. XML: Um Guia para Principiantes por Steven Holzner

9. AJAX para principiantes , Ivan Bayross e Sharanam Shah, SPD

10. Desenvolvimento Web com jQuery (WROX) por Richard York

11. Aprender PHP, MySQL e JavaScript com j Query, CSS e HTML5 - por Robin Nixon, SPD

CAPÍTULO 9

TRABALHAR COM CSS EM APLICAÇÕES AJAX E QUESTÕES DE CONCEPÇÃO AJAX

Estrutura da unidade
Introdução
Sintaxe CSS
CSS em AJAX
Adicionar novo conteúdo HTML
Filtrar os elementos a serem removidos
Resumo de jQUERY
Problemas de design AJAX
Referências

INTRODUÇÃO

CSS significa Cascading Style Sheets (folhas de estilo em cascata). As CSS descrevem a forma como os elementos HTML devem ser apresentados no ecrã, em papel ou noutros suportes. As CSS poupam muito trabalho. Pode controlar a apresentação de várias páginas Web de uma só vez. As folhas de estilo externas são armazenadas em ficheiros CSS. As CSS são utilizadas para definir estilos para as suas páginas Web, incluindo o design, a disposição e as variações de apresentação para diferentes dispositivos e tamanhos de ecrã. A utilização de CSS ajuda-o:

O HTML NUNCA foi concebido para conter etiquetas para formatar uma página Web. O HTML foi criado para descrever o conteúdo de uma página Web, por exemplo:

<h1>Isto é um título</h1>

<p>Isto é um parágrafo.</p>

Quando etiquetas como <font> e atributos de cor foram adicionados à especificação HTML 3.2, começou um pesadelo para os programadores Web. O desenvolvimento de sítios Web de grandes dimensões, em que as informações sobre tipos de letra e cores eram adicionadas a cada página, tornou-se um processo longo e dispendioso.

Para resolver este problema, o World Wide Web Consortium (W3C) criou as CSS. O CSS removeu a formatação de estilo da página HTML. As definições de estilo são normalmente guardadas em ficheiros .css externos. Com um ficheiro de folha de estilo externo, é possível alterar o aspeto de um sítio Web inteiro alterando apenas um ficheiro.

Sintaxe CSS

Um conjunto de regras CSS é composto por um seletor e um bloco de declaração:

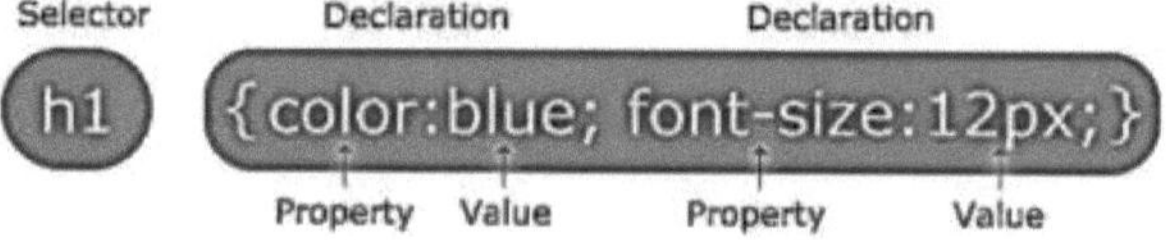

J O seletor aponta para o elemento HTML que pretende estilizar.

J O bloco de declaração contém uma ou mais declarações separadas por ponto e vírgula.

J Cada declaração inclui um nome de propriedade CSS e um valor, separados por dois pontos.

J Uma declaração CSS termina sempre com um ponto e vírgula e os blocos de declaração são rodeados por chavetas.

No exemplo a seguir, todos os elementos <p> serão alinhados ao centro, com uma cor de texto vermelha:

P {

cor: vermelho;

alinhamento do texto: centro;

}

Selectores CSS

Os selectores CSS são utilizados para "encontrar" (ou selecionar) elementos HTML com base no nome do elemento, id, classe, atributo, etc.

O seletor de elementos

O seletor de elementos seleciona elementos com base no nome do elemento.

É possível selecionar todos os elementos <p> numa página como esta (neste caso, todos os elementos <p> serão alinhados ao centro, com uma cor de texto vermelha):

Exemplo

p {

alinhamento do texto: centro;

cor: vermelho;

}

O seletor de id

J O seletor id utiliza o atributo id de um elemento HTML para selecionar um elemento específico.

J O id de um elemento deve ser único dentro de uma página, pelo que o seletor id é utilizado para selecionar um elemento único!

J Para selecionar um elemento com um id específico, escreva um carácter hash (#), seguido do id do elemento.

J A regra de estilo abaixo será aplicada ao elemento HTML com id="para1":

Exemplo

#para1 {

alinhamento do texto: centro;

cor: vermelho;

}

A classe Seletor

J O seletor de classe seleciona elementos com um atributo de classe específico.

J Para selecionar elementos com uma classe específica, escreva um ponto (.) seguido do nome da classe.

J No exemplo abaixo, todos os elementos HTML com class="center" ficarão vermelhos e alinhados ao centro:

Exemplo

.center {

alinhamento do texto: centro;

cor: vermelho;

}

J Também é possível especificar que apenas elementos HTML específicos devem ser afectados por uma classe.

No exemplo abaixo, apenas os elementos <p> com class="center" serão alinhados ao centro:

Exemplo

p.center {

alinhamento do texto: centro;
cor: vermelho;
}
J Os elementos HTML podem também referir-se a mais do que uma classe.

J No exemplo abaixo, o elemento <p> será estilizado de acordo com class="center" e class="large":
Exemplo
<p class="center large">Este parágrafo refere-se a duas classes.</p>

Agrupamento de selectores
Se tiver elementos com as mesmas definições de estilo, como este:
h1 {
alinhamento do texto: centro;
cor: vermelho;
}
h2 {
alinhamento do texto: centro;
cor: vermelho;
}
p {
alinhamento do texto: centro;
cor: vermelho;
}
Será melhor agrupar os selectores, para minimizar o código. Para agrupar selectores, separe cada seletor com uma vírgula. No exemplo abaixo, agrupámos os selectores do código acima:
Exemplo
h1, h2, p {
alinhamento do texto: centro;
cor: vermelho;
}

CSS EM AJAX
A utilização de CSS em AJAX requer jQuery
jQuery é uma biblioteca JavaScript leve, "escreva menos, faça mais".
O objetivo do jQuery é tornar muito mais fácil a utilização do JavaScript no seu sítio Web.
O jQuery pega em muitas tarefas comuns que requerem muitas linhas de código JavaScript para serem realizadas e transforma-as em métodos que podem ser chamados com uma única linha de código.
O jQuery também simplifica muitas das coisas complicadas do JavaScript, como as chamadas AJAX e a manipulação do DOM.
A biblioteca jQuery contém os seguintes recursos:
J   Manipulação de HTML/DOM
J   Manipulação de CSS
J   Métodos de eventos HTML
J   Efeitos e animações
J   AJAX
J   Serviços públicos

Sintaxe do jQuery
A sintaxe jQuery foi concebida à medida para selecionar elementos HTML e executar

alguma ação no(s) elemento(s).

A sintaxe básica é: $(seletor).action()

J Um sinal $ para definir/aceder a jQuery

J A (seletor) para "consultar (ou encontrar)" elementos HTML

J Uma ação () jQuery a executar no(s) elemento(s)

Exemplos:

J $(this).hide() - oculta o elemento atual.

J $("p").hide() - oculta todos os elementos <p>.

J $(".test").hide() - oculta todos os elementos com class="test".

J $("#test").hide() - oculta o elemento com id="test".

Manipulação DOM em jQuery

Uma parte muito importante do jQuery é a possibilidade de manipular o DOM. O jQuery vem com uma série de métodos relacionados com o DOM que facilitam o acesso e a manipulação de elementos e atributos.

DOM = Modelo de Objeto de Documento

O DOM define uma norma para aceder a documentos HTML e XML: "O Modelo de Objeto de Documento (DOM) do W3C é uma interface neutra em termos de plataforma e linguagem que permite que programas e scripts acessem e atualizem dinamicamente o conteúdo, a estrutura e o estilo de um documento."

Obter conteúdo - text(), html(), e val()

Utilizaremos os mesmos três métodos da página anterior para definir o conteúdo:

J text() - Define ou devolve o conteúdo de texto dos elementos selecionados

J html() - Define ou devolve o conteúdo dos elementos selecionados (incluindo a marcação HTML)

J val() - Define ou devolve o valor dos campos do formulário

O exemplo seguinte demonstra como definir o conteúdo com os métodos text(), html() e val() do jQuery:

Exemplo

```
$("#btn1").click(function(){
$("#teste1").text("Olá mundo!");
});
$("#btn2").click(function(){
$("#teste2").html("<b>Olá mundo!</b>");
});
$("#btn3").click(function(){
$("#teste3").val("Pato Bonzinho");
});
```

Uma função de retorno para text(), html(), e val()

Todos os três métodos jQuery acima: text(), html(), e val(), também vêm com uma função de retorno de chamada. A função de retorno de chamada tem dois parâmetros: o índice do elemento atual na lista de elementos selecionados e o valor original (antigo). De seguida, devolve a cadeia de caracteres que pretende utilizar como o novo valor da função. O exemplo seguinte demonstra text() e html() com uma função de retorno de chamada:

Exemplo

```
$("#btn1").click(function(){
$("#test1").text(function(i, origText){
return "Texto antigo: " + origText + " Novo texto: Olá mundo!
```

(índice: " + i + ")";
});
});
$("#btn2").click(function(){
$("#test2").html(function(i, origText){
return "Antigo html: " + origText + " Novo html: Olá <b>mundo!</b> (índice: " + i + ")";
});
});

Definir atributos - attr()

O método attr() do jQuery também é utilizado para definir/alterar valores de atributos. O exemplo seguinte demonstra como alterar (definir) o valor do atributo href numa ligação:
Exemplo
$("botão").click(função(){
$("#w3s").attr("href", "https://www.w3schools.com/jquery/");
});
O método attr() também permite definir vários atributos ao mesmo tempo. O exemplo a seguir demonstra como definir os atributos href e title ao mesmo tempo:
Exemplo
$("botão").click(função(){
$("#w3s").attr({
"href" : "https://www.w3schools.com/jquery/",
"title" : "Tutorial de jQuery da W3Schools"
});
});

Uma função de retorno para attr()

O método attr() do jQuery também inclui uma função de retorno de chamada. A função de retorno de chamada tem dois parâmetros: o índice do elemento atual na lista de elementos selecionados e o valor original (antigo) do atributo. De seguida, a função devolve a cadeia de caracteres que pretende utilizar como novo valor de atributo. O exemplo seguinte demonstra attr() com uma função de retorno de chamada:
Exemplo
$("botão").click(função(){
$("#w3s").attr("href", function(i, origValue){
return origValue + "/jquery/";
});
});

Adicionar novo conteúdo HTML

Iremos analisar quatro métodos jQuery que são utilizados para adicionar novos conteúdos:
J append() - Insere conteúdo no final dos elementos selecionados
J prepend() - Insere conteúdo no início dos elementos selecionados
J after() - Insere conteúdo após os elementos selecionados
J before() - Insere conteúdo antes dos elementos selecionados

Método jQuery append()

O método jQuery append() insere conteúdo NO FIM dos elementos HTML selecionados.
Exemplo
$("p").append("Algum texto anexado.");

Método jQuery prepend()

O método jQuery prepend() insere conteúdo NO INÍCIO dos elementos HTML selecionados.
Exemplo

$("p").prepend("Algum texto prependido.");

Adicionar vários elementos novos com append() e prepend()

Em ambos os exemplos acima, apenas inserimos algum texto/HTML no início/fim dos elementos HTML selecionados. No entanto, ambos os métodos append() e prepend() podem receber um número infinito de novos elementos como parâmetros. Os novos elementos podem ser gerados com texto/HTML (como fizemos nos exemplos acima), com jQuery, ou com código JavaScript e elementos DOM. No exemplo seguinte, criamos vários elementos novos. Os elementos são criados com texto/HTML, jQuery e JavaScript/DOM. De seguida, anexamos os novos elementos ao texto com o método append() (isto também teria funcionado para prepend()) :

Exemplo

função appendText() {

var txt1 = "<p>Texto.</p>";   // Criar elemento com HTML

var txt2 = $("<p></p>").text("Texto."); // Criar com jQuery

var txt3 = document.createElement("p"); // Criar com DOM txt3.innerHTML = "Text.";

$("body").append(txt1, txt2, txt3); // Anexa os novos elementos }

Métodos jQuery after() e before()

O método after() do jQuery insere conteúdo DEPOIS dos elementos HTML selecionados. O método jQuery before() insere conteúdo ANTES dos elementos HTML selecionados.

Exemplo

$("img").after("Algum texto depois");

$("img").before("Algum texto antes");

Adicionar vários elementos novos com after() e before()

Além disso, tanto o método after() como o before() podem receber um número infinito de novos elementos como parâmetros. Os novos elementos podem ser gerados com texto/HTML (como fizemos no exemplo acima), com jQuery, ou com código JavaScript e elementos DOM. No exemplo seguinte, criamos vários elementos novos. Os elementos são criados com texto/HTML, jQuery e JavaScript/DOM. De seguida, inserimos os novos elementos no texto com o método after() (isto também teria funcionado para before()) :

Exemplo

função afterText() {

var txt1 = "<b>I </b>";   // Criar elemento com HTML

var txt2 = $("<i></i>").text("love ");   // Criar com jQuery

var txt3 = document.createElement("b"); // Criar com DOM txt3.innerHTML = "jQuery!";

$("img").after(txt1, txt2, txt3); // Inserir novos elementos após <img>

}

jQuery - Remover elementos

Com o jQuery, é fácil remover elementos HTML existentes. Para remover elementos e conteúdos, existem principalmente dois métodos jQuery:

J remove() - Remove o elemento selecionado (e os seus elementos filhos)

J empty() - Remove os elementos filhos do elemento selecionado

Método jQuery remove()

O método remove() do jQuery remove o(s) elemento(s) selecionado(s) e os seus elementos secundários.

Exemplo

$("#div1").remove();

Método jQuery empty()

O método empty() do jQuery remove os elementos filhos do(s) elemento(s) selecionado(s).

Exemplo

```
$("#div1").empty();
```

Filtrar os elementos a serem removidos

O método remove() do jQuery também aceita um parâmetro, que permite filtrar os elementos a remover. O parâmetro pode ser qualquer uma das sintaxes de seletor do jQuery. O exemplo a seguir remove todos os elementos <p> com class="test":

Exemplo

```
$("p").remove(".test");
```

Este exemplo remove todos os elementos <p> com class="test" ou class="demo":

Exemplo

```
$("p").remove(".test, .demo");
```

jQuery - Obter e definir classes CSS

Com o jQuery, é fácil manipular o CSS dos elementos.

jQuery Manipulação de CSS

O jQuery tem vários métodos de manipulação de CSS. Iremos analisar os seguintes métodos:

J addClass() - Adiciona uma ou mais classes aos elementos selecionados

J removeClass() - Remove uma ou mais classes dos elementos selecionados

J toggleClass() - Alterna entre adicionar/remover classes dos elementos selecionados

J css() - Define ou devolve o atributo de estilo

Exemplo de folha de estilo

A folha de estilos seguinte será utilizada em todos os exemplos desta página: .important {
font-weight: bold;

tamanho da fonte: xx-large;
}
.blue { cor: azul;
}

Método addClass() do jQuery

O exemplo seguinte mostra como adicionar atributos de classe a diferentes elementos. É claro que pode selecionar vários elementos ao adicionar classes:

Exemplo

```
$("botão").click(função(){
$("h1, h2, p").addClass("blue");
$("div").addClass("important");
});
```

Também pode especificar várias classes no método addClass():

Exemplo

```
$("botão").click(função(){
$("#div1").addClass("important blue");
});
```

Método jQuery removeClass()

O exemplo seguinte mostra como remover um atributo de classe específico de diferentes elementos:

Exemplo

```
$("botão").click(função(){
$("h1, h2, p").removeClass("blue");
});
```

Método jQuery toggleClass()

O exemplo seguinte mostra como utilizar o método toggleClass() do jQuery. Este método alterna entre a adição/remoção de classes dos elementos selecionados:

Exemplo
$("botão").click(função(){
$("h1, h2, p").toggleClass("blue");
});
jQuery - Método css()
O método css() define ou devolve uma ou mais propriedades de estilo para os elementos selecionados.
Devolver uma propriedade CSS
Para devolver o valor de uma propriedade CSS especificada, utilize a seguinte sintaxe:
css("nome da propriedade");
O exemplo seguinte devolverá o valor da cor de fundo do PRIMEIRO elemento correspondente:
Exemplo
$("p").css("background-color");
Definir uma propriedade CSS
Para definir uma propriedade CSS especificada, utilize a seguinte sintaxe:
css("nome da propriedade", "valor");
O exemplo seguinte irá definir o valor da cor de fundo para TODOS os elementos correspondentes:
Exemplo
$("p").css("background-color", "yellow");
Definir várias propriedades CSS
Para definir várias propriedades CSS, utilize a seguinte sintaxe:
css({"propertyname": "value", "propertyname": "value",...});
O exemplo seguinte irá definir uma cor de fundo e um tamanho de fonte para TODOS os elementos correspondentes:
Exemplo
$("p").css({"background-color": "yellow", "font-size": "200%"});
RESUMO DA jQUERY
Propriedades da consulta

Imóveis	Descrição
contexto	Removido na versão 3.0. Contém o contexto original passado para jQuery()
Consulta	Contém o número da versão do jQuery
Consulta.fx.intervalo	Alterar a taxa de disparo da animação em milissegundos
jQuery.fx.off	Desativar/ativar globalmente todas as animações
jQuery.support	Uma coleção de propriedades que representam diferentes caraterísticas ou erros do navegador (destinado a utilização interna do jQuery)
comprimento	Contém o número de elementos no objeto jQuery

PROBLEMAS DE CONCEPÇÃO AJAX
O Ajax é uma novidade no que diz respeito a aplicações Web e, como tal, estão a surgir novas regras sobre como a interface deve e não deve funcionar. Essas regras ainda não foram formalizadas, mas a comunidade Ajax está a discuti-las. Antes de começar a criar as suas próprias aplicações Ajax, considere as seguintes questões de design.
Quebrar o botão voltar e os marcadores
Quando tiver controlo sobre o que está a acontecer numa página Web e estiver a utilizar JavaScript para ligar e desligar coisas numa página - ou mesmo para alterar todo o aspeto

da página - o botão Retroceder do browser deixará de funcionar. O botão Retroceder funciona a partir do objeto de histórico do browser, que armazena as páginas sucessivas que foram carregadas no browser. Mas se não estiver a carregar novas páginas - que é o objetivo do Ajax - o objeto de histórico não as conhece.

Isto é algo a ter em conta ao conceber as suas aplicações Ajax. Se necessário, forneça seu próprio botão Voltar local usando JavaScript. Se quiser permitir que o utilizador retroceda para estados anteriores da janela, tem de acompanhar o que se tem passado e deixar o utilizador navegar como quiser.

Deixar o utilizador no controlo

As aplicações Ajax podem parecer ter vida própria porque funcionam nos bastidores. E podem comunicar com o servidor mesmo quando o utilizador não quer que o façam - como quando o utilizador comete um erro de digitação. Pode imaginar como se sentiria se tivesse acabado de introduzir um erro de digitação e este fosse imediatamente armazenado numa base de dados por uma aplicação que não lhe perguntou se queria armazenar alguma coisa. Assim, para que as suas aplicações tenham uma boa sensação, eis algumas dicas para colocar os utilizadores no controlo:

Lembre-se que, idealmente, a sua aplicação deve responder a eventos causados apenas pelo utilizador. Os utilizadores podem achar que demasiada validação do lado do servidor é desconcertante, porque cria a impressão de que está a corrigi-los a cada toque de tecla. Não se esqueça de que um dos princípios de conceção das interfaces gráficas de utilizador (GUI) é que o utilizador deve ter o controlo, que deve dirigir a ação.

Lembrar-se de todos os diferentes navegadores

Tal como acontece com qualquer aplicação Web, vale a pena ter em conta que existem muitos browsers diferentes e que a sua aplicação Ajax deve ser testada naqueles que pretende suportar.

No momento em que este artigo foi escrito, o Internet Explorer e o Firefox representavam cerca de 96% do uso de navegadores, e os demais (Opera, Safari, etc.) estavam na categoria de 1% ou menos. E não se esqueça de que nem todos os browsers suportam JavaScript, ou têm o JavaScript ativado - e para esses utilizadores, deve ter um plano de reserva.

Evitar um navegador lento

As aplicações Ajax podem ser grandes e, quando começam a utilizar recursos como a memória e a velocidade da CPU, é preciso ter cuidado. Uma aplicação grande pode utilizar uma enorme quantidade de memória, especialmente se não tiver cuidado com a eliminação de objectos grandes que tenham sido criados.

Por vezes, os programadores utilizam o Ajax apenas porque é uma novidade. Tenha cuidado com essa tendência também. O Ajax resolve muitos problemas, mas se não tiver de o utilizar, não há razão para o fazer. Além disso, não se esqueça de que as suas aplicações Ajax podem não funcionar em todos os browsers.

Tratamento de dados sensíveis

Com o Ajax, é fácil enviar dados sem que o utilizador saiba o que se está a passar. De facto, isso faz parte de toda a ligação cliente/servidor que torna o Ajax tão popular. Mas também é verdade que o utilizador pode não querer enviar os dados que está a enviar.

É melhor ter cuidado com os dados sensíveis. Afinal de contas, a Internet não é necessariamente um local seguro para dados sensíveis e, se começar a enviar números da segurança social ou números de cartões de crédito sem a autorização do utilizador, pode acabar em apuros. Por isso, dê aos utilizadores o benefício da dúvida - pergunte antes de enviar dados sensíveis.

Criar um plano de salvaguarda

O Ajax depende de estar ligado a um servidor, mas não se esqueça de que nem toda a gente está sempre online. E o seu próprio servidor pode ir abaixo, pelo que os seus utilizadores podem estar a trabalhar a partir de páginas em cache. Se não conseguir ligar-se a uma página online, deve ter algum tipo de cópia de segurança. E isto também se aplica aos utilizadores que têm navegadores que não suportam JavaScript.

Aparecer nos motores de busca

O Google procura em milhares de milhões de páginas Web o texto que os seus utilizadores pesquisam - mas se o texto que apresenta for carregado numa página com base nas acções do utilizador e não nas actualizações do navegador, o Google não consegue ver esse texto. Por isso, tenha em conta que, se quiser tornar a sua página pesquisável em motores de busca como o Google, tem de fornecer à sua página os termos de pesquisa de que eles necessitam. (Pode armazenar as suas palavras-chave numa etiqueta <meta> na secção <head> do browser, por exemplo, que é onde os motores de busca esperam encontrá-las. Consulte este site para obter mais informações sobre isso).

O AJAX está a crescer muito rapidamente e é por essa razão que contém muitos problemas. Esperamos que, com o passar do tempo, estes problemas sejam resolvidos e o AJAX se torne ideal para aplicações Web. Apresentamos uma lista de alguns problemas de que o AJAX padece atualmente.

A complexidade é aumentada

Os programadores do lado do servidor terão de compreender que a lógica de apresentação será necessária nas páginas HTML do cliente, bem como na lógica do lado do servidor.

Os programadores de páginas devem possuir competências em tecnologia JavaScript.

As aplicações baseadas em AJAX podem ser difíceis de depurar, testar e manter

O JavaScript é difícil de testar - os testes automáticos são difíceis.

Modularidade fraca em JavaScript.

Falta de padrões de conceção ou de diretrizes de boas práticas.

Os conjuntos de ferramentas/estruturas ainda não estão maduros

A maior parte deles está em fase beta

Ainda não há normalização do XMLHttpRequest

Não há suporte de XMLHttpRequest em navegadores antigos

O Iframe vai ajudar

Dependência e incompatibilidade da tecnologia JavaScript

Deve estar ativado para que as aplicações funcionem.

Existem ainda algumas incompatibilidades entre browsers.

O código JavaScript é visível para um hacker

Um código JavaScript mal concebido pode causar problemas de segurança.

REFERÊNCIAS

1. Web Design The complete Reference, Thomas Powell, Tata McGrawHill
2. HTML e XHTML A referência completa, Thomas Powell, Tata McGrawHill
3. JavaScript 2.0 : A Referência Completa, Segunda Edição por Thomas Powell e Fritz Schneider
4. PHP : A Referência Completa Por StevenHolzner   , Tata McGrawHill
5. www.w3schools.com
6. www.github.com
7. www.w3professors.com
8. XML: Um Guia para Principiantes por Steven Holzner
9. AJAX para principiantes , Ivan Bayross e Sharanam Shah, SPD
10. Desenvolvimento Web com jQuery (WROX) por Richard York
11. Aprender PHP, MySQL e JavaScript com j Query, CSS e HTML5 - por Robin Nixon, SPD